Annette Sabersky

GÜNSTIG GUT EINKAUFEN

Preiswert, gesund und nachhaltig essen

südwest

INHALT

Warum vor allem Lebensmittel für Flaute im Portemonnaie sorgen, wie versteckte Preiserhöhungen funktionieren und warum Biokost eine günstige Alternative bietet.

Warum pflanzliches Essen die Zukunft ist, wie Gesundheit, Umwelt und Nutztiere davon profitieren und was bei der planetenfreundlichen Kost auf den Teller kommt.

Welche Lebensmittel preiswert sind und welche teuer, warum Einkaufen mit Einkaufszettel Sinn macht und regionaler und saisonaler Einkauf sich oft lohnt.

Warum ein gut gefüllter Vorratsschrank beim Sparen hilft, was alles hineingehört und welche Verpackungsmaterialien für die Aufbewahrung am besten geeignet sind.

VORWORT

Gut und gesund essen trotz turbulenter Preise

Wir sehen es jeden Tag beim Einkauf: Lebensmittel und Getränke sind teuer geworden. Kann man es sich da überhaupt noch leisten, gesund und sogar bio zu essen? Ja, man kann! Bei uns zu Hause müssen jeden Tag vier Kinder und zwei Erwachsene gesund satt werden. Dazu kommen immer wieder auch Freunde der Kinder, die Großeltern und weitere Gäste, die wir alle sehr gern bewirten. Das Ganze natürlich möglichst komplett in Bioqualität.

Meine Frau und ich wenden dabei verschiedene Möglichkeiten an, um trotz begrenztem Budget stets gut, gesund und günstig zu essen. Ein wichtiger Punkt ist, dass wir fast ausschließlich pflanzliche Lebensmittel verwenden. Aber auch wenn Sie nicht sofort vegetarisch oder vegan leben möchten, sollten Sie den Konsum tierischer Produkte wie Milch und Milchprodukte, Eier, Fisch und Fleisch deutlich reduzieren. Wer das macht, hat sofort mehr Geld für pflanzliche Bioprodukte – was übrigens auch die Chefs vieler Großküchen bestätigen, wenn sie auf weniger Fleisch und mehr pflanzlich und bio umgestellt haben. Pflanzliche Lebensmittel, das sind vor allem Gemüse, Obst, Vollkornprodukte, Kartoffeln, Hülsenfrüchte, Nüsse und Samen.

Eine weitere Möglichkeit, zu sparen, sind Sonderangebote. Auch wenn ich die Schnäppchenmentalität besonders beim Essen nicht mag – auch unsere Familie achtet inzwischen mehr auf Angebote im Handel. Gerade für größere Haushalte lohnt es sich, vor allem haltbare Lebensmittel auch mal in größeren Mengen einzukaufen. Aber Achtung: Nicht jede Großpackung oder jedes Sonderangebot ist wirklich preisgünstig, vergleichen Sie daher immer die Preise pro Kilogramm, die auf den Preisschildern am Regal angegeben sein müssen.

Preisstudien einschließlich unserer eigenen zeigen zudem, dass Fertiggerichte und Fast Food meist viel teurer sind, als wenn wir die Gerichte aus frischen Zutaten selbst zubereiten. Das Selbermachen ist wiederum eine sehr gute Möglichkeit, viel Qualität für (relativ) wenig Geld zu bekommen – wenn wir bio kaufen. Gemüse und Obst sind im Laden zudem immer dann besonders preiswert, wenn die Ernteschwemme einsetzt, also Saison ist. Doch es gibt auch Lebensmittel, die das ganze Jahr über besonders preisgünstig sind. Dies sind ganz besonders Hülsenfrüchte wie Erbsen, Bohnen, Linsen, Soja und Kichererbsen. Sie zählen zu meinen absoluten Lieblingslebensmitteln! Aus ihnen lassen sich nicht nur viele herrliche Gerichte zubereiten, sie sind auch vollgepackt mit Vitaminen, Mineralstoffen und Ballaststoffen, daher gesundheitsfördernd und extrem sättigend. Wer braucht da noch Billigfleisch?

Überhaupt ist, wer überwiegend oder ausschließlich vollwertige pflanzliche Lebensmittel isst, mit nahezu allen lebenswichtigen Nährstoffen versorgt und hat die besten Chancen, rundherum gesund zu bleiben. Eigene Forschungsprojekte und fast alle vorliegenden Studien zeigen, dass Menschen, die nur selten Fleisch und Wurst zu sich nehmen oder vegetarisch beziehungsweise vegan essen, ein geringeres Risiko haben, Übergewicht, Typ-2-Diabetes, Bluthochdruck oder eine Herzkrankheit zu entwickeln, als diejenigen, die üblicherweise viele tierische Produkte konsumieren. Zwar sollten alle Fans pflanzlichen Essens auf bestimmte Nährstoffe wie Eisen, Zink oder Vitamin B_{12} besonders achten. Dafür sind sie aber mit anderen Nährstoffen häufig sogar besser versorgt als die Allgemeinbevölkerung, beispielsweise mit Vitamin C, Folsäure, Magnesium, Ballaststoffen und den gesundheitsfördernden sekundären Pflanzenstoffen. Die mögliche Sorge, durch eine überwiegend oder ausschließlich pflanzliche Lebensmittelauswahl zu wenig Vitamine, Mineralstoffe und Eiweiß zu bekommen, ist also unbegründet.

Pflanzlich, bio und vollwertig ist aber nicht nur gut für unsere Gesundheit. Es ist die beste Möglichkeit, um den Planeten zu schützen, weltweite Nahrungsgerechtigkeit zu fördern und dem Wohl der Nutztiere gerecht zu werden.

Und »plant based« zu essen, wie es heute so schön heißt, ist überhaupt nicht kompliziert. Es gibt inzwischen so viele tolle Kochbücher und Blogs, die Ihnen zeigen, wie Sie aus einfachen Grundzutaten tolle preiswerte Gerichte zubereiten können – und die der ganzen Familie schmecken. Dabei geht es nicht darum, gleich alles perfekt zu machen. Gehen Sie einfach schrittweise vor, probieren Sie aus, was Ihnen schmeckt, und entdecken Sie die bunte Vielfalt auch unbekannter oder ungewohnter Gemüse, Getreide, Hülsenfrüchte und Nüsse.

Mit dem Buch meiner Kollegin Annette Sabersky erhalten Sie eine hervorragende Anleitung, wie Sie auch (oder gerade) in herausfordernden Zeiten ganz viel Ernährungs- und Lebensqualität für wenig Geld bekommen können. Freuen Sie sich darauf!

Herzlichst Ihr

Markus Keller, Leiter des Forschungsinstituts für pflanzenbasierte Ernährung (IFPE) Biebertal im Januar 2024

VORGESCHMACK

Liebe Leserinnen und Leser,

neulich las ich zwei Zahlen, die mich nachdenklich gestimmt haben: 44 Prozent der Verbraucherinnen und Verbraucher sparen beim Einkauf von Lebensmitteln, und 64 Prozent der Bürger fühlen sich mit der Situation, dass alles viel teurer geworden ist, alleingelassen, so eine Forsa-Umfrage im Auftrag des Verbraucherzentrale Bundesverbands. Geht man davon aus, dass der Mensch ist, was er isst, erscheint mir dies alarmierend. Denn am Essen zu sparen, kann mit Engpässen bei der Nährstoffversorgung einhergehen, sofern nur noch Billiglebensmittel gekauft werden. Mal abgesehen davon, dass der Spaß an der Freude verloren geht, wenn jeder Cent umgedreht wird. Auch das Gefühl, mit den Sorgen alleingelassen zu werden, ist nicht gesund. Ich habe mich darum gefragt, warum es eigentlich für alle Bürger*innen eine Energiepreispauschale gab, aber bisher keine Lebensmittelpauschale überwiesen wurde, etwa in Form einer Einmalzahlung oder monatlichen Zuwendung. Das wäre für viele Menschen eine echte Hilfe.

Doch so etwas wie eine Lebensmittelpauschale ist nicht in Sicht. Wir müssen das Einkaufen in teuren Zeiten – und die werden uns noch lange begleiten – also selbst in die Hand nehmen. Nicht jedoch, indem wir an der Qualität des Essens sparen. Schließlich sind billige Lebensmittel oft ungesund – durch viel Zucker, Salz und Fett. Und sie schaden der Umwelt und den Tieren. So sterben bei der quälerischen Aufzucht in Megaställen jährlich zahlreiche Schweine oder Hühner, und es fallen Megamengen an Gülle oder Hühnerkot an, die auf Äckern entsorgt werden – zum Nachteil von Boden und Trinkwasser. Gemeint ist der Einkauf guter, günstiger Lebensmittel, die uns mit allem versorgen, was wir brauchen, damit wir gesund und munter bleiben. Und auch die Umwelt und die Tiere.

Aber wie?

Dieses Buch bietet Unterstützung für den nachhaltigen und günstigen Einkauf. Gemüse, Obst und Kartoffeln, Getreide, Nüsse und Hülsenfrüchte stehen hier an erster Stelle. Denn Pflanzliches war und ist von Preiserhöhungen deutlich weniger betroffen als Fleisch, Wurst, Käse, Milch und Eier. So bleibt mehr Geld im Portemonnaie, und es ist möglich, gelegentlich ein gutes Steak vom Weiderind oder Eier von glücklichen Hühnern zu kaufen. Gesünder ist »plant based«, wie es heute so schön heißt, zudem. Denn es schützt nachweislich vor Wohlstandskrankheiten wie Übergewicht, Diabetes Typ 2 sowie Herz-Kreislauf-Erkrankungen (Kapitel 2).

Und was ist mit all den Lebensmitteln in Supermärkten und bei Discountern, die ständig zum kleinen Preis angeboten werden? Können sie auch beim preisbewussten Einkauf helfen? Nur bedingt, wie Sie noch lesen werden (Kapitel 1). Gerade die Preise der Eigenmarken von Discountern, die eigentlich als besonders günstig gelten, sind extrem in die Höhe gegangen, das zeigt eine Studie der Verbraucherorganisation Foodwatch. Die Preissteigerungen waren hier deutlich größer als vergleichsweise bei Markenprodukten – und auch bei Biolebensmitteln. Das mag überraschend klingen, steht »bio« doch in dem Ruf, besonders teuer zu sein. Doch frische Biolebensmittel haben sich 2023 weniger stark verteuert als konventionelle. Bei bio stiegen die Preise im Schnitt um 5,2 Prozent an, bei konventionellen Produkten um 8,8 Prozent, ermittelte die Agrarmarkt Informations-Gesellschaft AMI.

Doch am Anfang jedes günstigen Einkaufs steht immer die gute Planung. Sie ist, auch wie eine schlaue Vorratshaltung, schon die halbe Miete, weil teure Spontankäufe so unterbleiben. Wie das geht, lesen Sie gleich (Kapitel 3 und Kapitel 4). Aber auch die Haltbarmachung von frischen Lebensmitteln wie Gemüse und Obst, die immer dann günstig sind, wenn sie gerade Saison haben, macht Sinn. Darum beschreibt das Buch auch die gängigen Verfahren zur Haltbarmachung (Kapitel 5). Darüber hinaus erklärt es die wichtigsten Lebensmittel – von Alternativen für Wurst und Käse über Eier, Kaffee und Margarine bis hin zu Säften und Zucker – und wo und wie sie günstig erworben werden können (Kapitel 6). Vor allem plädiert es aber fürs Selberkochen. Darum finden sich in dem Buch auch zahlreiche Rezepte für Familien – inklusive Tipps zum energiesparenden Kochen und Backen (Kapitel 7 und 8).

Wenn Sie jetzt denken: Alles gut und schön – aber klappt das auch im Alltag? ... Ja, es funktioniert. Denn das Buch entstand nicht (nur) am Schreibtisch, sondern vor allem »draußen«, also beim Einkaufen in (Bio-)Supermärkten und bei Discountern sowie beim Ausprobieren der verschiedenen Möglichkeiten, Lebensmittel zu »retten«, ob in Supermärkten oder am Wegesrand beim Ernten von wild wachsendem Obst (und Suche per App), aber natürlich auch beim Kochen mit all den leckeren günstigen Lebensmitteln. Alles basiert also auf vielen eigenen Erfahrungen – und wurde auch von der Familie für gut befunden, die all die Gerichte aus guten und günstigen (Bio-)Lebensmitteln probieren konnte (musste 😊).

Viel Spaß beim Lesen wünscht

Annette Sabersky
Hamburg im Januar 2024

KAPITEL 1

Das Leben ist teuer

Warum vor allem Lebensmittel für Flaute im Portemonnaie sorgen, wie versteckte Preiserhöhungen funktionieren und warum Biokost eine günstige Alternative bietet.

Es ist jeden Tag spürbar: Das Leben ist teuer geworden. Wo früher 50 oder 100 Euro für den wöchentlichen Lebensmitteleinkauf reichten, muss jetzt deutlich tiefer in die Tasche gegriffen werden. Vor allem Lebensmittel sind extrem im Preis gestiegen, aber auch die Ausgaben für Energie sowie alle Dinge des täglichen Gebrauchs sind höher als vor wenigen Jahren.

Um eine Vorstellung davon zu bekommen, um wie viel mehr wir heute für alles bezahlen, ist es spannend, die Teuerungs- oder Inflationsrate anzugucken. Sie wird monatlich vom statistischen Bundesamt (Destatis) veröffentlicht. Es vergleicht die Preise und Preissteigerungen eines Monats mit den Daten des Vorjahres und errechnet die Veränderung in Prozent. Grundlage ist ein erdachter Warenkorb, in dem sich rund 700 Produkte befinden, also die Kosten für zum Beispiel Lebensmittel, Miete, Energie und Dienstleistungen wie Bankgebühren oder Versicherungen. 2023 lag die durchschnittliche Inflationsrate bei circa sechs Prozent. Unterm Strich sind die Kosten für die Dinge des täglichen Lebens zwischen 2022 und 2023 also um gut sechs Prozent angestiegen.

Auch wenn Preise vereinzelt wieder fallen: Wir müssen uns daran gewöhnen, dass alles teurer wird – insbesondere unser Essen und Trinken. »Lebensmittelpreise bleiben trotz sinkender Inflation hoch und steigen weiterhin stärker an als beispielsweise die Energiepreise«, so der Verbraucherzentrale Bundesverband im Herbst 2023. Demgemäß lag die Inflationsrate für Lebensmittel im September 2023 bei 7,5 Prozent, die für Energie bei einem Prozent und die für Waren- und Dienstleistungen bei fünf beziehungsweise vier Prozent. »Die Preissteigerungen bei Lebensmitteln haben sich von der allgemeinen Inflation abgekoppelt«, so das Fazit des Verbraucherzentrale Bundesverbands.

Knapp die Hälfte der Deutschen ist wegen der hohen Preise gestresst. 44 Prozent sparen beim Konsum von Lebensmitteln, so der Verbraucherreport 2023. Doch zugleich möchten die Menschen gesund und umweltbewusst genießen, ergab eine Studie des Wirtschaftsprüfungsunternehmens Deloitte. Gut und gesund zu essen, ist also zu einer echten Herausforderung geworden.

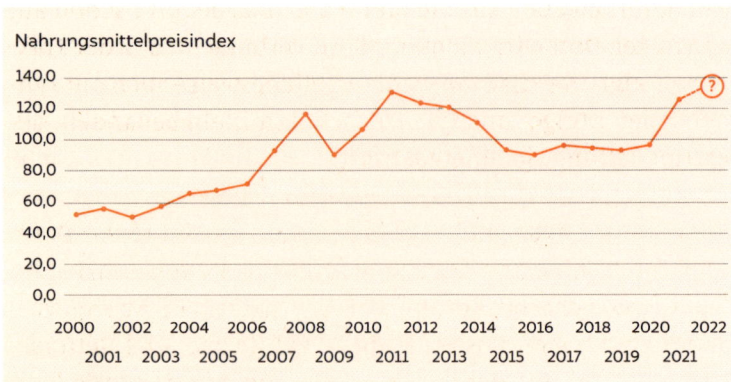

Auch weltweit spielen die Preise verrückt
© *Welthungerhilfe*
Entwicklung der Nahrungsmittelpreise in den letzten 20 Jahren.

Warum sorgen Lebensmittel für Flaute im Portemonnaie?

Insbesondere unser Essen und Trinken ist also extrem teurer geworden. Die Teuerungsrate für Lebensmittel lag zeitweise bei über 20 Prozent und war somit deutlich höher als all die Jahre zuvor. Zwischen 2000 und 2019 betrug sie im Schnitt weniger als 1,5 Prozent!

Dass gerade die Lebensmittelpreise explodiert sind, hat verschiedene Gründe. Eine wichtige Rolle spielen die hohen Energiepreise. Da die Erzeugung von Lebensmitteln immer mit einem hohen Verbrauch an Energie einhergeht, wirkt sich dies natürlich auch auf die Preise aus. Das beginnt schon auf dem Acker. Dort wird nicht nur Sprit verbraucht, den der Traktor benötigt. Die Pflanzen werden üblicherweise auch mit synthetischen Dünge- und Pflanzenschutzmitteln behandelt, deren Herstellung viel Energie frisst.

Vor allem Lebensmittel von Tieren sind darum teuer. Denn Rinder, Schweine und Geflügel fressen viel Futter, und dessen Erzeugung geht wiederum mit einem hohen Energieverbrauch und hohen Kosten einher. Und da sehr viel Getreide, Soja oder Hülsenfrüchte nötig sind, bis daraus schließlich Fleisch, Milch, Eier und Käse wird, schlägt sich dies auch auf den Preis bei tierischen Lebensmitteln nieder – mehr noch als bei pflanzlichen Produkten.

So betrug die Teuerung bei Milchprodukten und Eiern zwischen Januar 2022 und Januar 2023 satte 36 Prozent, die von Fleisch plus 19 Prozent und die von Fisch plus 21 Prozent, so der Verbraucherzentrale Bundesverband. Gemüse schlug hingegen mit »nur« plus elf Prozent zu Buche, und Mehl, Brot und andere Produkte aus Getreide mit im Schnitt plus 23 Prozent, allerdings mit deutlichen Unterschieden bei einzelnen Produkten: Vollkorn und Körnerbrot zogen mit »nur« plus 20 Prozent an, Toastbrot mit plus 40 Prozent.

Zwar hat sich die Situation an den internationalen Rohstoffmärkten inzwischen ein wenig beruhigt. Die Weltmarktpreise für Weizen sowie andere Lebensmittelrohstoffe für Lebensmittel seien wieder auf das Niveau von 2021 gesunken, so der Verbraucherzentrale Bundesverband. Doch die Preise für Getreideprodukte und diverse andere Lebensmittel sind darum nicht gesunken. Sie sind teils noch genauso hoch wie zuvor. Dies könne allerdings nicht nur auf gestiegene Betriebskosten zurückgeführt werden, wie Unternehmen gern behaupten, erklärt die Verbraucherzentrale mit Verweis auf Informationen der Europäischen Zentralbank. Neue Studien legten vielmehr den Verdacht nahe, dass die Unternehmen direkt zur Teuerung beitragen, indem sie die zwischenzeitlichen Preiserhöhungen einfach beibehalten haben. Schon fällt der Begriff »Gierflation« mit Blick auf die Lebensmittelindustrie und den Lebensmittelhandel.

Verbraucherschützer fordern darum die Überwachung der Preisbildung für Lebensmittel seitens des Bundeskartellamts. Zudem sollten Lebensmittelhändler dazu verpflichtet werden, sämtliche Preise im Internet zu veröffentlichen. Dass dies eine Wende bringen kann, zeigt eine Studie aus Israel. Dort sind die Lebensmittelhändler seit 2015 dazu verpflichtet, sämtliche Produktpreise online zu veröffentlichen und diese ständig zu aktualisieren. Preisvergleichsportale bieten Konsument*innen die Möglichkeit, sich über günstigste Angebote zu informieren. Schon im ersten Jahr seien die Preise um vier bis fünf Prozent gesunken und Preisschwankungen seltener geworden. Die Bürger*innen hätten nun etwa 27 Dollar (etwa 26 Euro) monatlich mehr im Portemonnaie.

Lidl lohnt nicht immer

Einkaufen ist also zu einer teuren Angelegenheit geworden. Da greifen Konsument*innen am besten zu den günstigen Eigenmarken der Discounter und Supermärkte, oder? Besser nicht. Denn Eigenmarken-Produkte wie Ja von Rewe, Gut & Günstig von Edeka, Milbona von Lidl und Milsani von Aldi sind oft keine preiswerte Alternative zu Markenprodukten. Hier zogen die Preise vielmehr richtig an, ergaben Recherchen der Verbraucherorganisation Foodwatch im Frühjahr 2023. »Die Handelsketten haben die Preise ihrer günstigsten Eigenmarkenprodukte um durchschnittlich mehr als 30 Prozent erhöht«, kritisiert die Verbraucherorganisation aus Berlin, die 2023 diverse Preise aus verschiedenen Läden auswertete. Markenprodukte, die an sich als teuer gelten, »haben sich dagegen nur halb so sehr verteuert«. Hier lag der Preisanstieg bei »nur« 14,5 Prozent. Untersuchungen des Marktforschungsunternehmens GfK in Nürnberg bestätigen dies: Die Preise für Eigenmarken sind deutlich stärker gestiegen als die der verschiedenen Herstellermarken.

Foodwatch rechnete vor: Ein Einkaufskorb, gefüllt mit Eigenmarken wie zum Beispiel Nudeln, Reis, Öl, Tomatenmark, Milch und Käse, kostete bei Aldi im Frühjahr 2023 rund 60 Euro und somit etwa 15 Euro mehr als im Jahr zuvor. Das entspricht einer Preissteigerung von 32,6 Prozent! Die allgemeine Teuerung für Lebensmittel lag zu diesem Zeitpunkt bei 22,3 Prozent, also rund zehn Prozentpunkte darunter. Und weil die

Eigenmarken bei den anderen Lebensmittelhändlern in der Regel ähnlich viel kosten, lasse sich das Ergebnis auch auf andere Discounter übertragen, erklärt Foodwatch. »Versteckte Inflation der Eigenmarken« nennt die Organisation dies und kritisiert, dass insbesondere Menschen mit wenig Geld es nun noch schwerer haben, ihre grundlegenden Bedürfnisse zu befriedigen. Etwa drei Millionen Menschen sind laut Menschenrechtsorganisation FIAN in Deutschland von Ernährungsarmut betroffen, das sind 3,5 Prozent der Bevölkerung. »Immer mehr Menschen in Deutschland sind nicht in der Lage, sich angemessen und in Würde zu ernähren, wie es das Menschenrecht auf Nahrung verlangt«, so FIAN.

Shrinkflation statt Schnäppchen

Doch das ist noch nicht alles. Auch versteckte Preiserhöhungen erschweren das Einkaufen. Versteckt bedeutet: Die Preiserhöhungen sind nicht auf den ersten Blick erkennbar, da die Anbieter dies geschickt kaschieren. Dafür lassen sie Packungsinhalte schrumpfen, tauschen teure gegen günstige Zutaten aus, verkaufen mehr Inhalt zum (angeblich) gleichen Preis und werben für (angeblich) günstige Sammelpackungen. »Shrinkflation« heißt das auch. In ihrem Onlineseminar »Preis e außer Rand und Band?« berichtete die Verbraucherzentrale Hessen über typische Tricks, die an der Tagesordnung sind.

Der Mengentrick: Die Packung mit ursprünglich 200 Gramm Käse kostet 3,45 Euro und somit genauso viel wie bisher, und sie sieht auch genauso aus wie gehabt. Im Zuge der allgemeinen Teuerung scheint der Preis also gleich geblieben und auch die Anzahl der Käsescheiben ist dieselbe. Doch weit gefehlt. In der Packung stecken nur noch 180 Gramm Käse, also 20 Gramm weniger. Die Käsescheiben sind nun dünner als zuvor! Auf den ersten Blick ist der Trick nicht zu erkennen. Schließlich ist die Aufmachung dieselbe, die Anzahl der Käsescheiben auch.

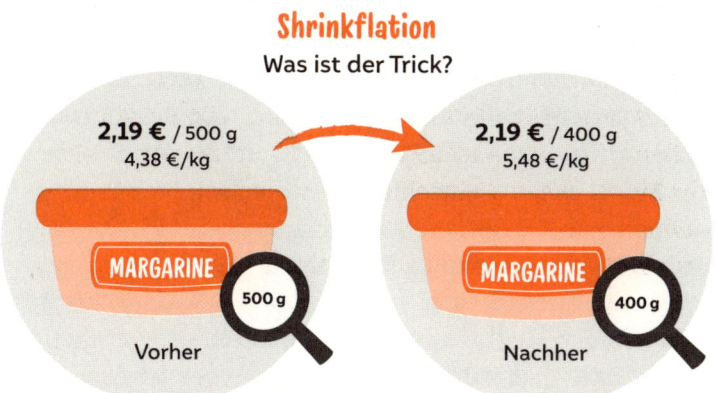

Shrinkflation statt Schnäppchen, © *Verbraucherzentrale Hessen e.V.*

Der Qualitäts-Trick: Hier werden teure gegen günstige Zutaten ausgetauscht, ohne dass es sofort erkennbar ist. Die Verbraucherzentrale Hessen erläutert dies anhand eines Trauben-Nuss-Müslis für 3,25 Euro je 500 Gramm: In der »alten« Packung waren 6,5 Prozent Haselnusskerne und 4,3 Prozent Mandeln enthalten, beides relativ teure Zutaten. In der neuen Tüte stecken nun die günstigeren Erdnusskerne (6,5 Prozent). Der Anteil an Haselnüssen ist auf 4,2 Prozent geschrumpft, der der Mandeln auf 1,3 Prozent. Der Preis ist gleich geblieben.

Der Vorteilspack-Trick: Hier wird damit geworben, dass in einer Packung mehr Inhalt steckt als bisher. Das suggeriert: Ich bekomme mehr fürs Geld. Als Beispiel nennt die Verbraucherzentrale Gemüsebrühe. Das Glas enthielt bisher 290 Gramm Brühe, nun werden 350 Gramm beworben, mit dem Hinweis »20 Prozent mehr Inhalt«. Doch das größere Glas ist mit 10,42 Euro je Kilo auch teurer als die »alte« Gemüsebrühe, die 10,17 Euro je Kilo kostete. Die Vorteilspackung lohnt also nicht.

Der Sammelpack-Trick: Dieser Trick funktioniert so ähnlich wie der Vorteilspack-Trick. Angeboten wird zum Beispiel ein größeres Paket mit Schokoriegeln. Das suggeriert: Ich bin deutlich günstiger als ein einzelner Riegel. Doch weit gefehlt. Die Sammelpackung ist mit 18 Euro je Kilo teurer als der einzelne Riegel, der »nur« 16,50 Euro je Kilo kostet.

Nun könnte man sagen, es geht doch nur um ein paar Cent, die jeweils mehr ausgegeben werden. Doch bekanntlich macht Kleinvieh auch Mist! Mit der Zeit summieren sich Centbeträge zu einer stattlichen Summe. Es ist besser, angebliche Schnäppchen im Laden liegen zu lassen. So können Verbraucher*innen demonstrieren, dass sie sich nicht an der Nase herumführen lassen. Denn es ist ja so: Wir stimmen auch immer mit dem Einkaufskorb darüber ab, was in den Regalen liegt!

AUTOFAHREN WICHTIGER ALS ESSEN

Im Vergleich zu anderen europäischen Ländern geben die Menschen in Deutschland sehr wenig Geld fürs Essen und Trinken aus. Gerade 11,8 Prozent des Einkommens wurden 2021 in Lebensmittel und Getränke im Schnitt investiert. Mehr Geld ging fürs Wohnen (25 Prozent) und die Mobilität (16 Prozent) drauf, also fürs Autofahren oder die Monatskarte, ermittelte das Marktforschungsinstitut Statista. Die Menschen in Rumänien geben mit 25,2 Prozent am meisten für Lebensmittel aus. Im Mittelfeld liegen Italien und Spanien. Am wenigsten Geld haben die Iren fürs Essen übrig. 8,3 Prozent gaben sie 2021 dafür aus.

Bio ist preisstabiler

Auch wenn Lebensmittel teuer sind: Nicht alle Produkte sind gleichermaßen von Preissteigerungen betroffen. Biolebensmittel, die viele als besonders hochpreisig ansehen, haben keinen so enormen Preisanstieg erfahren wie vergleichsweise konventionelle Produkte. Dafür gibt es Gründe. So werden Bioprodukte ohne synthetische Dünger und Pestizide erzeugt, Produkte, die besonders teuer geworden sind. Biohöfe arbeiten meist in einer Kreislaufwirtschaft. Der Dung aus dem Stall kommt also als Dünger aufs Feld. So sind keine weiteren Düngemittel nötig. Statt mit giftigen Pflanzenschutzmitteln wird mit Nützlingen gearbeitet, die Schädlinge fressen – weitere Kosten, die eingespart werden können. Auch sind die Wege vom Hof zum Supermarkt oder dem Unternehmen, in dem die Rohstoffe verarbeitet werden, bei Bioprodukten oft kürzer. Denn Bioläden und -Verarbeiter kaufen oft am liebsten Produkte beziehungsweise Rohstoffe aus der Region ein. So wird weniger Sprit für Transporte gebraucht und am Ende von den Kund*innen bezahlt.

Und aus noch einem Grund fallen Preissteigerungen bei Biolebensmitteln geringer aus als bei konventionellen. Bio-Erzeuger und -Verarbeiter haben meist langfristige Liefer- und Abnahmeverträge. Preisschwankungen bei Rohstoffen kommen so nicht sehr zum Tragen, da der einmal vereinbarte Preis gilt. »Bio ist preisstabil und wirkt als Inflationsbremse«, betont darum der Bund Ökologische Lebensmittelwirtschaft (BÖLW) mit Blick auf eine eigens in Auftrag gegebene Analyse, die die Preisentwicklung von biologischen und konventionellen Lebensmitteln vergleicht. Sie zeigt: Preissteigerungen fallen bei konventionellen Produkten deutlich höher aus als bei Bioprodukten. Auch sind Biolebensmittel bei Discountern oft teurer als in Bioläden und Supermarkt. Dazu ein paar Zahlen:

- Konventionell erzeugte Karotten kosteten zwischen September und November 2022 im Discounter rund 60 Prozent mehr als im Vorjahr. Im Supermarkt stieg der Preis für konventionelle Karotten im selben Zeitraum um 20 Prozent. Die Zuschläge für Biokarotten vom Discounter lagen bei 45 Prozent und im Supermarkt bei plus zwölf Prozent. Im Bioladen war der Preis für Biokarotten hingegen fast stabil geblieben. Er war um nur zwei Prozent gestiegen.
- Ähnliches bei Frischmilch: Hier betrug die Preissteigerung für konventionelle Milch beim Discounter plus 36 Prozent und für Biomilch plus 37 Prozent. Auch im Supermarkt hielt sich die Verteuerung fast die Waage. Sie lag für konventionelle Milch bei plus 24 Prozent und für Biomilch bei 29 Prozent. Im Bioladen lag der Preisanstieg für Biomilch hingegen nur bei 18 Prozent.
- Bei konventioneller Butter erhöhten die Discounter und Supermärkte im Beobachtungszeitraum die Preise um satte 58 beziehungsweise 59 Prozent. Für die entsprechenden Biowaren nahmen die Discounter 35 Prozent und die Supermärkte 29 Prozent mehr. Die Bioläden hatten den Butterpreis um »nur« 19 Prozent erhöht.
- Der Preisanstieg von Bio-Haferdrink betrug im Discounter im Erfassungszeitraum zehnmal mehr (plus 20 Prozent) als im Bioladen (plus zwei Prozent).

Fazit: Bio ist nicht unbedingt teurer. Produkte wie Butter, Milch beziehungsweise Pflanzendrink und Gemüse können sogar günstiger sein als die entsprechenden konventionellen Lebensmittel von Supermärkten und Discountern. Der Einkauf im Bioladen kann wiederum preiswerter sein als der beim Discounter.

WAS HEISST DAS UNTERM STRICH?

- Markenprodukte waren in der Vergangenheit von Preissteigerungen weniger stark betroffen als Eigenmarken der Supermärkte und Discounter. Darum lohnt es sich, nicht gleich zum vermeintlich billigen Discounterprodukt zu greifen, sondern erst einmal die Preise zu vergleichen.

- Die beste Möglichkeit für den Preisvergleich bietet der Kilopreis. Er muss am Regal auf einem Schild angegeben werden. Leider ist er oft sehr klein gedruckt.

- Die Preise für Biolebensmittel sind nicht so stark gestiegen wie die von konventionellen Produkten. Einige Lebensmittel sind preislich sogar gleich geblieben oder sogar billiger geworden, etwa Äpfel.

- Auch sind die Preise in Biosupermärkten und Bioläden nicht so stark nach oben geklettert wie die in Supermärkten und bei Discountern. Darum lohnt es sich, den örtlichen Bioladen als feste Einkaufsstätte zu nutzen. Bioladen meint nicht nur den kleinen inhabergeführten Ökoladen, sondern auch große Biosupermärkte wie Alnatura, Denn's BioMarkt, Tjaden's Bio Frischemarkt, Bio Company und andere mehr. Wer also immer schon im Bioladen einkaufen wollte, dies aber aus Sorge vor hohen Kosten nicht gemacht hat, sollte es ausprobieren!

KAPITEL 2

Nachhaltig und gesund essen

Warum pflanzliches Essen die Zukunft ist, wie Gesundheit, Umwelt und Nutztiere davon profitieren und was bei der planetenfreundlichen Kost auf den Teller kommt.

Tagtäglich hören und lesen wir das Wort »nachhaltig«, ob im Fernsehen, in der Tageszeitung oder im Gespräch mit anderen. Aber was heißt das eigentlich genau, Nachhaltigkeit? Und was hat das mit dem Essen zu tun? An sich kommt der Begriff »nachhaltig«, oder genauer »Nachhaltigkeit«, aus dem Bereich der Wald- und Forstwirtschaft. Er besagt, dass dem Wald nur so viel Holz entnommen werden darf, wie auch wieder nachwachsen kann. Auf die Ernährung bezogen bedeutet dies, dass wir so essen und trinken müssen, dass auch für nachfolgende Generationen genug Nahrung da ist – weil die Umwelt nicht ausgebeutet wird, und dies auf der ganzen Welt!

Wir dürfen also keinen Raubbau an der Natur begehen, sodass sie sich nicht mehr erholt. Wir dürfen keine Wälder abbrennen, wie es täglich im tropischen Regenwald passiert, nicht die Meere überfischen und auch nicht mehr und mehr Boden für den Anbau von Tierfutter umlegen. Denn die Erzeugung tierischer Lebensmittel wie Fleisch und Wurst ist viel weniger effektiv als die von pflanzlichen Produkten wie Getreide für Brot und Müsli, Gemüse und Obst sowie Nüssen und Hülsenfrüchten. Eine nachhaltige Ernährung umfasst aber auch, dass es den Nutztieren gut geht und Lebensmittel fair erzeugt und verteilt werden. Landwirte müssen angemessene Preise für ihre Produkte erhalten und die in der Landwirtschaft beschäftigten Menschen faire Löhne bekommen. Natürlich muss das Essen auch gesund für den Körper sein. Denn wer ständig krank ist und Medikamente benötigt, lebt nicht nachhaltig –

das gilt vor allem für die sogenannten Wohlstandskrankheiten, die sich durch den Konsum von viel Fett, Zucker und Kalorien rasant entwickeln.

Was wir essen und trinken, kann also nicht losgelöst von den Auswirkungen auf die Umwelt und Gesundheit, die Tiere und die weltweite Fairness gesehen werden. Das haben nicht nur die Umweltverbände, Bio-Anbieter, Fair-Organisationen und Weltläden sowie Tierschützer schon lange erkannt und konsequent auf Veränderungen hingewirkt. Inzwischen ist dies auch national und international anerkannt. So haben die UN-Mitgliedsstaaten 2015 in der sogenannten Agenda 2030 die Sustainable Development Goals, kurz SDGs – oder Ziele für eine nachhaltige Entwicklung – festgeschrieben. Damit wollen sie die vielfältigen ökologischen, sozialen und ökonomischen Probleme in den Griff bekommen – weltweit bis zum Jahr 2030. Die gesunde und nachhaltige Ernährung spielt hier eine wesentliche Rolle, z. B. SGD 2, »Kein Hunger«, SDG 6, »Sauberes Wasser und Sanitäreinrichtungen«, und SGD 12, »Nachhaltiger Konsum und Produktion«. Ob das in dem kurzen Zeitraum klappt, ist zwar unklar, denn der Raubbau an der Natur, wie zum Beispiel im tropischen Regenwald und auch in den Savannen, geht Tag für Tag weiter. Doch alles, was hilft, uns den Zielen der Agenda 2030 näher zu bringen, müssen wir tun. Jetzt! Denn wir sollten auch an zukünftige Generationen denken.

Viel Pflanzliches, wenig vom Tier – pflanzenbasiert essen

Eine sehr gute Möglichkeit, nachhaltig, gesund und preiswert zu essen, ist eine pflanzliche Ernährung. Das bedeutet nicht, dass wir alle Veganer werden müssen. Es geht darum, pflanzlichen Lebensmitteln wie Gemüse und Obst, Vollkorn und Hülsenfrüchten, Soja, Nüssen sowie pflanzlichen Ölen und Fetten den größten Platz auf dem Teller einzuräumen. »Wir müssen nicht alle Veganer werden, wir sollten aber deutlich veganer essen«, betont der Leiter des Forschungsinstituts für pflanzenbasierte Ernährung, Dr. Markus Keller (siehe Vorwort). »Plant based« heißt das heute auch. Also, pflanzenbasiert essen. (Was konkret auf den grünen Teller kommt, lesen Sie in Kapitel 3).

Fachleute sind sich einig darüber, dass eine pflanzenbasierte Ernährung nicht nur besonders nachhaltig, sondern auch sehr gesund ist. Es gibt zahlreiche internationale Studien, die zeigen: Wer plant based isst, schützt sich am besten vor diversen Krankheiten und kann diese damit auch kurieren. Gemeint sind die sogenannten Wohlstandskrankheiten wie Übergewicht, Diabetes Typ 2 – der »Altersdiabetes«, der oft mit Übergewicht einhergeht und inzwischen auch schon bei Kindern auftritt –, Bluthochdruck, Herz-Kreislauf-Erkrankungen und Fettstoffwechselstörungen wie zum Beispiel ein zu hoher Cholesterinspiegel. Menschen erkranken daran, weil sie zu wenig gesund essen. Sie nehmen also mehr Kalorien, Zucker, Salz und Fett auf, als der Körper benötigt. Es wird zu viel Wurst, Fleisch, Käse, Fertigkost, Süßkram und Kuchen gegessen. Zugleich kommen zu wenig Gemüse, Obst und Vollkornprodukte und damit Vitamine und Mineralstoffe sowie Ballaststoffe auf den Tisch, also alles, was »plant based« ist. Aber manche Menschen sind auch zu inaktiv, sie rauchen und trinken zu viel Alkohol.

Vor allem der Verzehr von viel Fleisch ist nicht gesund. Insbesondere rotes Fleisch, also das Fleisch von Rind und Schwein, Schaf und Ziege, ist heikel, denn es fördert nachweislich Wohlstandskrankheiten wie Diabetes mellitus (Diabetes Typ 2) und Herz-Kreislauf-Erkrankungen. Wurstwaren wie Schinken und Salami wurden von der Internationalen Agentur für Krebsforschung sogar als »kanzerogen für den Menschen« eingestuft, rotes Fleisch als »wahrscheinlich krebserregend« – in Bezug auf Dickdarmkrebs.

Plant based gegen Wohlstandskrankheiten

Eine überwiegend pflanzliche Kost kann Wohlstandskrankheiten also vorbeugen, sie wird aber auch zur Behandlung dieser Erkrankungen eingesetzt. So schützen eine rein pflanzliche (vegane) Ernährung sowie vegetarisches Essen besser vor Bluthochdruck als Mahlzeiten, bei denen auch viel Fleisch auf den Teller kommt. Wer plant based isst, kann einen bestehenden Bluthochdruck auch senken und nach allem, was man heute weiß, sogar die Medikamentendosis reduzieren. Das darf aber natürlich nur in Absprache mit dem Arzt gemacht werden! Es gibt sogar eine besondere Diät, die bei Bluthochdruck eingesetzt wird und (fast) vegetarisch ist. Bei der sogenannten DASH-Diät (DASH steht für **D**ietary **A**pproaches to **S**top **H**ypertension, eine Diät zum Stopp von Bluthochdruck) werden vor allem Vollkornlebensmittel, Hülsenfrüchte wie Linsen und Bohnen, Obst und Gemüse sowie Nüsse und Kerne, also Kürbis- und Sonnenblumenkerne, gegessen, außerdem fettarme Milchprodukte, Pflanzenöle – aber nur ganz wenig Geflügel und Fisch. Auch mit Salz wird ganz sparsam umgegangen. Das alles entspricht plant based!

Weil pflanzenbasiertes Essen ein enormes gesundheitliches Potenzial hat, empfehlen heute an sich alle Ernährungsgesellschaften Mahlzeiten, die überwiegend pflanzlich sind. Die Deutsche Gesellschaft für Ernährung in Bonn rät dazu und empfiehlt, nur sehr wenige tierische Lebensmittel auf den Teller zu geben. Akzeptabel sind also nur Minimengen an Fleisch, Geflügel und Fisch, an Eiern, Milch und Milchprodukten. Die Empfehlungen des Forschungsinstituts für pflanzenbasierte Ernährung gehen noch weiter. Sie raten zu rein vegetarischen Speisen oder ausschließlich veganer Ernährung (siehe Kasten auf Seite 40).

Den Klimafußabdruck senken – umweltgerecht essen

Alles, was wir essen und trinken, hat Auswirkungen auf das Klima. Die Landwirtschaft, mit deren Hilfe unsere Nahrung erzeugt wird, und auch alle damit zusammenhängenden Prozesse wie Verarbeitung und Transporte haben ihren Anteil an der Klimaerwärmung. So gehen 25 Prozent der weltweiten Treibhausgasemissionen auf das Konto der Landwirtschaft. Sie ist der zweitgrößte Verursacher von schädlichen Klimagasen. Vor allem die in der industriellen Tierhaltung entstehenden Gase durch pupsende und wiederkäuende Rinder, Schafe und Ziegen heizen das Klima auf. Gase wie Methan und Lachgas, die hierbei entweichen, sind schädlicher als vergleichsweise Kohlendioxid, also CO_2. So ist die Rinderhaltung immerhin für 62 Prozent aller Emissionen in der Tierhaltung verantwortlich.

Doch nicht nur im Stall entstehen schädliche Klimagase. Beim Umbrechen von Wald zu Ackerflächen und Weiden für den Tierfutteranbau in tropischen Ländern wird sehr viel Kohlendioxid freigesetzt. Auch das Tierfutter muss erzeugt werden. Das bedeutet wiederum, dass – außer im Bio-Anbau – synthetische Düngemittel und Pestizide eingesetzt werden, deren Erzeugung sehr viel Energie schluckt. Dies geht mit der Verbrennung von fossilen Rohstoffen wie Erdöl, Kohle oder Erdgas einher und fördert wiederum die Freisetzung von Klimagasen. Es hängt also alles mit allem zusammen.

Indem wir weniger Lebensmittel vom Tier essen, also weniger Fleisch und Wurst, Käse, Milch, Joghurt und Quark, können wir viel für ein besseres Klima tun – und auch viel Geld sparen, wie wir noch sehen werden. Denn die Erzeugung von tierischen Produkten ist viel schädlicher fürs Klima als die von pflanzlichen Lebensmitteln, errechnete die Umweltstiftung WWF. Tierische Produkte haben an der Entstehung von Klimagasen einen Anteil von fast 70 Prozent. Bei der Erzeugung von pflanzlichem Essen wie Gemüse, Obst, Getreide, Nüssen und Hülsenfrüchten fallen nur gut 30 Prozent Klimagase an.

Tierisch viel Wasser für Fleischerzeugung

Die Erzeugung von tierischen Lebensmitteln schluckt auch viel Wasser. Denn zunächst müssen Futterpflanzen wie Soja, Getreide und Hülsenfrüchte angebaut und meist auch intensiv bewässert werden. Zudem trinken die Tiere Wasser und die Verarbeitung von Fleisch zu Wurst oder Milch zu Käse schluckt viel Wasser. So werden für die Erzeugung von einem Kilo Rindfleisch aus Stallhaltung satte 15 400 Liter Wasser benötigt, für ein Kilo Schweinefleisch 5600 Liter und für ein Kilo Eier 3300 Liter. Dagegen benötigen alle grünen Genüsse vergleichsweise wenig Wasser. Ein Kilo Weizen oder Hafer benötigen zum Wachsen und Gedeihen rund 1800 Liter, Kartoffeln knapp 300 Liter und Gemüse aus dem Freilandanbau (Karotten, Tomaten oder Blumenkohl) zwischen 200 und 290 Liter Wasser je Kilogramm. Auch unter den pflanzlichen Lebensmitteln gibt es allerdings echte Wasserschlucker. Mandeln und Avocados benötigen sehr viel Nass, weil sie oft in regenarmen Gebieten auf riesigen Plantagen mit ausgelaugten Böden angebaut werden, die das Wasser nicht halten können – weshalb man sie sich nur ab und zu schmecken lassen sollte.

Die Fleischerzeugung schadet auch dem Boden. Die Pflanzen für Tierfutter werden intensiv gedüngt und mit Pflanzenschutzmitteln behandelt. Im Übermaß eingesetzt, sickern Düngemittel in den Boden und belasten das Grundwasser durch das enthaltene Nitrat. Pestizide gegen Pflanzenschädlinge gelangen ebenfalls in den Boden, werden aber auch über weite Strecken verweht. Sie sind also selbst an Orten zu finden, an denen sie nie ausgebracht wurden, ergab ein Gutachten des Bündnisses für eine enkeltaugliche Landwirtschaft. Damit ist die Anwendung von Pflanzenschutzmitteln längst kein lokales Problem mehr.

Heikel sind aber auch manche Medikamente, die in der Tierhaltung eingesetzt werden, insbesondere Antibiotika. Sie gelangen über die Ausscheidungen der Tiere ins Grundwasser und darüber möglicherweise wieder auf den Teller. Denn komplett eliminieren können Wasserwerke sie im Rahmen der Aufbereitung nicht. Weniger tierische Lebensmittel zu konsumieren, hat also sehr viele gute Auswirkungen auf die Umwelt: Es werden weniger klimaschädliche Gase produziert, die Böden werden von Nitrat, Pestiziden und Rückständen von Antibiotika und anderen Medikamenten verschont und es wird eine Menge Wasser gespart.

Öfter mal die Sau rauslassen – tiergerecht essen

Unsere Essgewohnheiten haben viel mit dem Tierwohl zu tun. Jeder Deutsche isst 52 Kilogramm Fleisch und Wurst im Jahr. Das ist zwar etwas weniger als noch vor einigen Jahren, da immer mehr Menschen vegetarisch oder sogar vegan essen oder Flexitarier sind, sich also nie oder nur ganz selten Schnitzel und Salami genehmigen. Aber es ist immer noch viel zu viel. Stellt man sich einmal die Anzahl der Tiere vor, die sich jeder im Laufe des Lebens einverleibt, ergibt dies eine ganze Herde! 715 Zwei- und Vierbeiner, also Rinder, Kälber, Schweine, Schafe, Ziegen, Hühner, Enten, Gänse und Puten sind es pro Kopf, errechnete der Agrarökonom Dr. Jonas Luckmann von der Humboldt-Universität zu Berlin für die Heinrich-Böll-Stiftung.

Wie viele Tiere werden in Deutschland jährlich geschlachtet?

Fast 6-mal so viele Hühner wie alle anderen Tiere zusammen!

667.129.169	Hühner
58.934.837	Schweine
37.070.345	Puten
20.272.398	Enten
3.606.557	Rinder
1.041.775	Schafe
599.782	Gänse
24.306	Ziegen
8.852	Pferde
2.890	Tauben
1.975	Strauße

© Heinrich-Böll-Stiftung 2020

Dieser Fleischhunger ist nur durch Massentierhaltung möglich, einer fragwürdigen Haltungsform, bei der Schweine, Rinder und Geflügel in großer Anzahl auf engstem Raum in riesigen Hallen gehalten werden. Das ist nicht artgerecht, da die Tiere ihren natürlichen Bedürfnissen nach Rückzug, Buddeln im Boden und Spielen nicht nachkommen können. Leben die Tiere dicht gedrängt, werden sie auch anfällig für Krankheiten. Darum kommen im Stall vorbeugend Antibiotika zum Einsatz, die wiederum sogenannte Antibiotikaresistenzen zur Folge haben können. Indem wir das Fleisch medikamentös behandelter Tiere essen, werden Resistenzen gegen bestimmte Bakterien entwickelt. Lebenswichtige Medikamente wirken dann nicht mehr, beim Menschen und auch bei Tieren.

Dramatisch ist aber dabei auch, dass leidvoll erzeugte Fleisch- und Wurstwaren oft gar nicht gegessen, sondern weggeworfen werden. Umgerechnet 8,9 Millionen Hühner, 640 000 Schweine und 50 000 Rinder landen jährlich im Müll, berichtet der kritische Fleischatlas der Heinrich-Böll-Stiftung. Das Tier oder Fleisch wird entsorgt, weil schwache Ferkel oder Kälber schon im Stall aussortiert werden. In Haushalten wird oft aber auch mehr Fleisch eingekauft als gegessen und Essensreste weggeworfen. Das ist nicht nachhaltig. Denn die Tiere werden zunächst unter fragwürdigen Bedingungen in Megaställen gemästet, und das Fleisch dann nicht einmal gegessen. Es landet in der Tonne. Geldverschwendung ist dies natürlich auch. Günstiger für Tier und Mensch ist es, weniger und dafür hochwertigeres Fleisch aus tiergerechter Haltung zu kaufen.

Menschen und ihre Rechte im Blick haben – fair essen

Auch wenn es uns nicht immer bewusst ist: Unser Konsum hat Auswirkungen auf das Wohlergehen der Menschen in fernen Ländern. So werden Tag für Tag Unmengen an Tierfutter aus sogenannten Entwicklungs- und Schwellenländern zu uns transportiert. Im Trog von Schweinen, Rindern, Hühnern und anderen Nutztieren landet fast die Hälfte des global erzeugten Getreides, 57 Prozent der erzeugten Ölsaaten und 90 Prozent des Sojas. Diese Lebensmittel werden also nicht direkt von den Menschen verzehrt, sondern als Tierfutter exportiert, damit wir Fleisch, Milch und Käse essen können.

Das ist eine große Ungerechtigkeit. Denn weltweit hungern rund 800 Millionen Menschen. Vor allem die Menschen des globalen Südens – der sogenannten Entwicklungs- und Schwellenländer – sind davon betroffen. Weltweit könnten viel mehr Menschen satt werden, wenn weniger Pflanzen als Tierfutter im Trog landen würden. Durch unseren Fleisch- und Milchkonsum nehmen wir also den Menschen das Essen und auch die Böden weg, um darauf Rohstoffe für Tierfutter anzubauen.

So werden für die Versorgung mit Lebensmitteln in Deutschland etwa 19 Millionen Hektar Land benötigt. 14 Millionen Hektar befinden sich bei uns, weitere fünf Millionen Hektar beackern wir indirekt in fernen Ländern. Allein in Brasilien, Argentinien, Paraguay und zu kleinen Teilen auch in den USA wird auf einer Fläche von zwei Millionen Hektar Soja für hiesige Futtertröge angebaut. Diese Fläche entspricht der Größe von Rheinland-Pfalz oder Sachsen-Anhalt. Das ist eine Menge.

Und es kommt noch dicker: Würden alle Menschen auf der Welt so viel Steak, Schnitzel und Wurst essen wie wir in Deutschland, also 52 Kilogramm pro Kopf und Jahr, müsste praktisch die gesamte bewohnbare Fläche der Welt inklusive Wälder, Buschland und Siedlungen in Ackerboden für den Tierfutteranbau umgewandelt werden – immerhin 104 Millionen Quadratkilometer. Aber das funktioniert natürlich nicht, weil sich die Erde nicht vergrößern lässt.

Wir leben also über unsere Verhältnisse – und auf Kosten anderer Menschen. Denn für die Gewinnung von Flächen für Nahrungsmittel werden Völker auch von ihrem Grund und Boden vertrieben. In der brasilianischen Savanne Cerrado etwa müssen seit vielen Jahren Menschen für neue Sojaflächen weichen, kritisiert der Weltagrarbericht. Die damit verbundene Landflucht führt zur Verelendung der Menschen und fördert das Wachstum der Slums in den Städten.

Es gibt immer noch ausbeuterische Kinderarbeit

Vieles, was wir essen und trinken, ob Kaffee und Tee, Schokolade, Gewürze, Kokosmilch oder Rohrzucker, wird aus sogenannten Entwicklungsländern importiert. Doch nur den wenigsten Menschen ist wohl bewusst, unter welch fragwürdigen Bedingungen diese Produkte oft hergestellt werden. So gibt es im Kakaoanbau noch immer ausbeuterische Kinderarbeit und Sklaverei.

Auch bei uns ist nicht alles zum Besten bestellt. Die Landwirte in Deutschland können aufgrund des Preisdrucks oft nicht kostendeckend arbeiten. Wo der Liter Milch nur ein paar Cent kostet und das Kilo Fleisch wenige Euro, bleibt für Landwirte nicht viel hängen. Auch das ist nicht fair.

Der faire Handel kann dazu beitragen, diese Ungerechtigkeiten zu vermindern, etwa bei Produkten wie Tee und Kaffee, Zucker, Schokolade und Bananen. Das Prinzip dahinter ist, dass die Erzeuger für ihre Produkte einen guten Mindestpreis erhalten, der über den Produktionskosten und meist auch über dem Weltmarktpreis liegt. Weitere Anforderungen wie der Anbau ohne Pestizide sorgen für mehr Gesundheitsschutz und verringern die Umweltbelastung. Der faire Handel fördert auch den Bau von Schulen, Krankenhäusern und anderen sozialen Einrichtungen. Fair gehandelte Produkte sind an verschiedenen Siegeln erkennbar, beispielsweise dem Fairtrade-Siegel (siehe Kapitel 9). Wer fair gelabelte Produkte kauft, kann also einen Beitrag zu mehr Gerechtigkeit, Bildung und Wohlstand in fernen Ländern leisten.

Durch den Einkauf heimischer, am besten regionaler Produkte zu einem angemessenen Preis sichern wir zudem Arbeitsplätze in der Region oder zumindest in Deutschland. Weil fair, nachhaltig und tiergerecht erzeugte Lebensmittel mehr kosten als Billigprodukte, muss beim Einkauf umgedacht werden.

Gesund, nachhaltig, tierfreundlich, fair – planetengerecht essen

Doch wie geht das nun, gesünder, nachhaltiger, tierfreundlicher und fairer zu essen – und das bei begrenztem Budget? Eine Möglichkeit ist die Planetary Health Diet, umgangssprachlich auch Planetenkost genannt. Dies ist eine Ernährungsform, die den Planeten schützt, weltweit alle Menschen satt macht und gesund ist. Wissenschaftlerinnen und Wissenschaftler aus 16 Ländern, die sogenannte EAT-Lancet-Kommission, entwickelten 2019 auf Basis umfangreicher wissenschaftlicher Daten eine Strategie für Landwirtschaft und Ernährung, die unseren Planeten schützt. Die Empfehlungen für den täglichen Konsum sind so formuliert, dass die im Pariser Klimaabkommen vom 12. Dezember 2015 definierten Ziele erreicht werden. Danach soll der Anstieg der globalen Temperatur auf weit unter zwei Grad Celsius begrenzt werden – in Bezug auf vorindustrielle Zeiten. Auch soll die weltweite Bevölkerung von künftig knapp zehn Milliarden Menschen (bis zum Jahr 2050) gesund satt werden. Und das, ohne Böden auszulaugen, Wälder abzuholzen, Menschen und Tiere auszubeuten und Meere leer zu fischen.

Natürlich liefert die Planetary Health Diet auch alle Nährstoffe, Vitamine, Mineral- und Ballaststoffe sowie Spurenelemente. Sie schützt zudem vor Wohlstandskrankheiten, vermindert also das Risiko für Krankheiten, bei denen die Ernährung eine wichtige Rolle spielt, also bei Bluthochdruck und Übergewicht, Diabetes Typ 2, Fettstoffwechselstörungen und Herz-Kreislauf-Erkrankungen (siehe Kapitel 2.1.).

Was kommt auf den »Planetenteller«?

Nach den Empfehlungen der Planetary Health Diet werden täglich mindestens 80 Prozent pflanzliche Lebensmittel gegessen, also vor allem Gemüse und Obst, Vollkornprodukte, Hülsenfrüchte, Nüsse und Kerne wie etwa Kürbis- und Sonnenblumenkerne, außerdem pflanzliche Öle und Fette. Aber auch Fleischalternativen wie Tofu und Falafel, Milchersatz in Form von Pflanzendrinks wie zum Beispiel Hafer- und Sojadrinks, zählen dazu, die es zunehmend in Supermärkten und Discountern gibt, in Bioläden hingegen schon seit Langem. Die übrigen Lebensmittel können, müssen aber nicht von

Tieren sein. Milchprodukte, Fleisch, Geflügel und Fisch sind also kein »Muss«, sind aber, in kleinen, feinen Mengen verzehrt, in Ordnung. Wie wir noch sehen werden, ist so eine Ernährung auch deutlich günstiger als eine mit viel Fleisch und Fisch.

Somit kann die Planetary Health Diet entweder rein pflanzlich, also vegan, umgesetzt werden, sie kommt dann ohne tierische Produkte aus. Oder sie wird vegetarisch praktiziert. Dann kommen ganz geringe Mengen an Milchprodukten und Eiern auf den Teller. Auch eine Mischkost mit nur wenigen tierischen Lebensmitteln wie zum Beispiel ein wenig Geflügel oder Fisch ist möglich. Das ist für alle am einfachsten, die noch keine Erfahrung mit vegetarischer oder veganer Ernährung gemacht haben.

Es gibt auch eine Tabelle, die die Lebensmittelgruppen und die täglichen Verzehrmengen auflistet. Allerdings ist sie eher alltagsfern. Dort werden zum Beispiel am Tag 13 Gramm Ei und 11,8 Gramm Pflanzenöle empfohlen. Pragmatischer ist das Planetenkost-Diagramm (siehe Abbildung rechte Seite), das die Anteile der einzelnen Lebensmittelgruppen an der gesamten Ernährung zeigt. Doch es geht auch gar nicht darum, akribisch bestimmte Mengen abzuwiegen. Ziel ist es, einfach umzusteuern – hin zu mehr pflanzlichem Essen und weniger Lebensmitteln von Tieren.

Doch wir sind von den Empfehlungen der Planetary Health Diet noch weit entfernt. Der Verzehr von Fleisch und Zucker ist zu hoch – er müsste sich halbieren, der Konsum von Gemüse, Obst, Hülsenfrüchten und Nüssen ist zu gering, er müsste sich verdoppeln!

Das kommt auf den Planetenteller

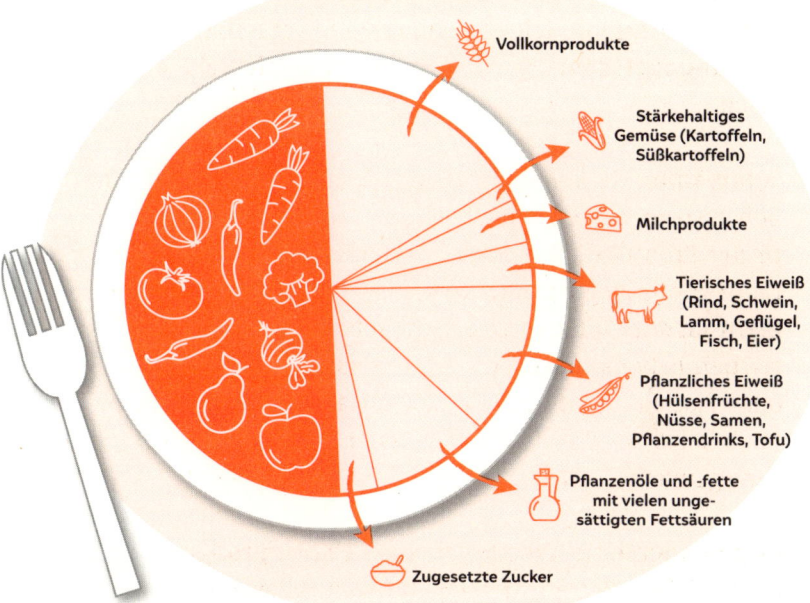

Vollkornprodukte

Stärkehaltiges Gemüse (Kartoffeln, Süßkartoffeln)

Milchprodukte

Tierisches Eiweiß (Rind, Schwein, Lamm, Geflügel, Fisch, Eier)

Pflanzliches Eiweiß (Hülsenfrüchte, Nüsse, Samen, Pflanzendrinks, Tofu)

Pflanzenöle und -fette mit vielen unge- sättigten Fettsäuren

Zugesetzter Zucker

So vielfältig ist Planetenkost, © *Eatforum*

Wie geht Planetenkost im Alltag?

So ganz neu ist die Planetenkost nicht. Hiesige Ernährungs-gesellschaften geben seit Langem Empfehlungen, die denen der Planetary Health Diet weitgehend entsprechen. Sie raten also ebenfalls, nur ganz kleine Mengen an Fleisch und Fisch zu konsumieren – und viel mehr Pflanzliches auf den Teller zu bringen.

Um die Empfehlungen in eine alltagstaugliche Anleitung um-zusetzen, wurden sogenannte Ernährungspyramiden entwi-ckelt. Sie zeigen, wie viel von welchem Lebensmittel gegessen werden sollte. Je weiter unten ein Lebensmittel in der Pyramide steht, umso mehr kann es davon geben. Unten finden sich darum neben kalorienfreien Getränken vor allem Gemüse und Obst, ganz oben Genussmittel wie ein wenig Süßes oder ein Gläschen Wein.

DIESE ERNÄHRUNGSPYRAMIDEN GIBT ES

- Die Gießener Vegetarische Lebensmittelpyramide stellt die vegetarische Ernährung dar. Basis sind Gemüse und Obst, dazu kommen Vollkornprodukte, Hülsenfrüchte und Nüsse. Doch auch etwas Käse, Milch und Joghurt sind gestattet.

- Die Gießener Vegane Lebensmittelpyramide wurde von Mitarbeiter*innen des Forschungsinstituts für pflanzen-basierte Ernährung entwickelt. Sie zeigt die Lebens-mittelverteilung einer veganen Ernährung. Basis sind neben Getränken wiederum Gemüse und Obst, Vollkorn-produkte, Hülsenfrüchte und Nüsse. Dazu kommen hochwertige pflanzliche Öle und Fette. Statt Milch, Joghurt und Käse werden entsprechende Alternativen wie Hafer- und Sojadrink oder -joghurt empfohlen. Außerdem kommt mehr Vollkorn auf den Teller.

- Die dritte Pyramide wurde von der Deutschen Gesell-schaft für Ernährung (DGE) entwickelt. Sie gibt Empfeh-lungen für eine Mischkost mit sehr wenig Fleisch, Fisch und Geflügel. Es sollten auch hier vor allem pflanzliche Lebensmittel gegessen werden. Anders als früher hält die DGE auch eine vegetarische Ernährung für akzeptabel. Zu einer veganen Kost rät sie aber nicht.

WAS IST GUT FÜR MICH?

Welche Ernährung individuell passt, ist immer auch eine Sache der eigenen Vorlieben. Vegetarisches und veganes Essen sind für den Planeten und auch für den Menschen zwar sehr gesund. Doch niemand wird über Nacht oder auf Druck zum Veganer oder Vegetarier. Es ist darum hilfreich, zu überlegen, was den persönlichen Bedürfnissen entspricht. Die Empfehlungen der DGE kommen wohl den Gewohnheiten der meisten Menschen am nächsten. Sie bieten also allen einen guten Einstieg in ein gesünderes Leben, die nicht ganz vom Fleisch lassen wollen. Ökologisch akzeptabel ist dies auch. Denn in der ökologischen Landwirtschaft werden immer auch Tiere gehalten. Es ist eine Kreislaufwirtschaft, in der Tiere ihren festen Platz haben. Denn der anfallende Mist wird auf die Felder ausgebracht und ersetzt dort synthetische Düngemittel. Es werden auch nur so viele Tiere gehalten, wie mit hofeigenem Futter ernährt werden können. Importierte Futtermittel sind nicht gestattet. Wer nicht auf Fleisch und Wurst steht, aber Joghurt und Käse mag, wird vegetarisch gut leben. Und wer ganz vom Tier lassen möchte, ist gut mit einer rein pflanzlichen Ernährung versorgt.

Doch es führt kein Weg daran vorbei, sofort nachhaltiger und gesünder zu essen, und das für die meisten von uns mit einem knappen Budget. Wir müssen also auch lieb gewonnene Gewohnheiten überdenken und etwas Neues ausprobieren. Wie wäre es, in den Kaffee ab sofort Haferdrink zu geben und statt Käse einen Gemüseaufstrich auszuprobieren? Was genau auf den planetenfreundlichen Teller kommt, erfahren Sie im nächsten Kapitel.

KAPITEL 3

Günstig gesund essen in der Praxis

Welche Lebensmittel preiswert sind und welche teuer, warum Einkaufen mit Einkaufszettel Sinn macht und regionaler und saisonaler Einkauf sich oft lohnt.

Um gesund, nachhaltig und preisgünstig zu essen, sollten also möglichst viele pflanzliche Lebensmittel auf den Teller kommen. Die Planetary Health Diet (siehe Kapitel 2) rät, täglich mindestens 80 Prozent Grünzeug zu essen. Gemeint sind Gemüse und Obst, Vollkornprodukte in Form von Brot, Müsli, Nudeln und Reis. Dazu kommen Hülsenfrüchte wie Linsen, Erbsen und Bohnen, Nüsse, Samen und Saaten wie zum Beispiel Sonnenblumenkerne, Sesamsamen und Kürbiskerne sowie pflanzliche Öle. Der Rest kann, muss aber keine Lebensmittel vom Tier enthalten.

Gut, dass es in Supermärkten inzwischen eine Fülle von leckeren pflanzlichen Lebensmitteln gibt. Sie erleichtern den Umstieg auf pflanzenbasiertes Essen. Dazu zählen Pflanzendrinks aus zum Beispiel Hafer, Reis und Soja, Hafer- und Sojajoghurts, Quark auf Basis von Sojabohnen sowie Käse aus Cashewkernen. Auch Fleischalternativen wie Sojawürstchen, Burgerpattys aus Erbsen, vegane Nuggets oder Brotaufstriche, die wie Wurst schmecken, aber rein pflanzlich sind, findet man heute in jedem Supermarkt und Discounter. Sie sind eine echte Bereicherung des vegetarisch-veganen Speiseplans. Aber Achtung: Pflanzliche Alternativen wie Tofuaufschnitt, Sojajoghurt und vor allem vegetarische und vegane Fertiggerichte sind teils recht teuer. Sie kosten zumindest deutlich mehr als Basics wie Gemüse, Obst, Nüsse und Hülsenfrüchte, aus denen selbst etwas gekocht oder zubereitet werden kann.

Schließlich werden diese Fertigprodukte von Firmen hergestellt, die an ihren Produkten auch verdienen wollen.

Was genau sind Basic-Lebensmittel?

Wenn von Basic-Lebensmitteln die Rede ist, dann steht uns
eine Fülle von Produkten zur Auswahl. Die Übersicht zeigt,
was alles dazugehört.

Gemüse: Tomate, Paprika, Gurke, Aubergine, Zucchini, Kürbis,
Karotte, Süßkartoffel, Rote Bete, Rot- und Grünkohl, Wirsing
und Chinakohl, Rosen- und Blumenkohl, Brokkoli, Pastinake,
Topinambur, Kohlrabi, Kopf- und Eisbergsalat, Eichblatt- und
Rucola-Salat, Rettich, Radieschen, Spinat, Lauch, Zwiebeln,
Fenchel, Frühlingszwiebeln, Spargel, Rhabarber.

Kartoffeln: fest- und vorwiegend festkochende Sorten sowie
mehligkochende Kartoffeln.

Sprossen: Kresse, Soja- und Mungobohnensprossen, Radies-
chen- und Rettichsprossen.

Kräuter: Basilikum, Schnittlauch, Majoran, Thymian, Dill,
Petersilie.

Pilze: Champignons, Shiitakes, Pfifferlinge, Maronen, Stein-
pilze.

Obst: Apfel, Birne, Quitte, Erdbeere, Himbeere, Heidelbeere,
Brombeere, Pflaume, Nektarine, Pfirsich, Aprikose, Kirsche,
Mirabelle, Weintraube, Banane, Kiwi, Mandarine, Orange, Zi-
trone, Grapefruit.

Trockenobst: Rosine, Korinthe, Weinbeere, Apfelringe, Aprikose, Banane, Dattel, Feige, Pflaume.

Vollkorngetreide: »echte« Getreide wie Hafer, Weizen, Dinkel, Roggen, Lichtkornroggen, Gerste, Emmer, Urkorn, Mais, Hirse, Reis sowie daraus hergestellte Produkte wie Flocken, Brot, Mehl, Nudeln, Müsli.

Pseudogetreide sind botanisch kein Getreide, aber von Geschmack und Verwendung her ähnlich: Quinoa, Amaranth, Buchweizen.

Hülsenfrüchte: Bohne, Erbse, Linse, Kichererbse, Sojabohne.

Nüsse und nussähnliche Knabbereien: Haselnuss, Kokosnuss, Paranuss, Pekannuss, Pistazien, Pinienkerne, Walnuss, Mandel, Cashew, Erdnuss.

Samen und Saaten: Kürbis- und Sonnenblumenkerne, Sesam- und Leinsamen.

Pflanzliche Öle und Fette: Oliven-, Sonnenblumen-, Raps-, Distel-, Sesam-, Kürbiskern- und Sojaöl. Kokosfett, Margarine, vegane Butter.

Milchalternativen: Pflanzendrinks aus Hafer, Soja, Dinkel, Reis, Mandel, Hanf, Buchweizen, Erbse und Kokosnuss. Joghurtalternativen aus Hafer, Mandel, Soja, Kokos, Dinkel und Hanf, Quarkalternative aus Soja. Käsealternative aus Cashewkernen.

Fleischalternativen: Tofu, Seitan, wenig verarbeitete Bio-Wurstalternativen aus Erbsen- und Bohnenprotein, Gemüse oder Getreide als Fleischalternative.

Getränke: Trinkwasser, Mineralwasser, Früchte- und Kräutertee, Kaffee, Tee, Getreide- und Lupinenkaffee.

19 PROZENT MEHRWERTSTEUER AUF PFLANZENDRINKS

Auf Milchalternativen müssen 19 Prozent Umsatzsteuer gezahlt werden, nicht sieben Prozent wie auf die meisten Grundnahrungsmittel. Der Grund: Pflanzendrinks gelten als Getränk, und für Getränke werden in Deutschland 19 Prozent Mehrwertsteuer fällig. Ob nun Hafer- oder Sojadrink konsumiert wird, stets wird der höhere Mehrwertsteuersatz berechnet. Gucken Sie mal auf Ihren Kassenbon!

Für Kuhmilch werden hingegen nur sieben Prozent Mehrwertsteuer fällig. Auch Milch kann zwar als Getränk angesehen werden, dennoch gilt dafür der ermäßigte Steuersatz. Das ist ungerecht und erschwert den Umstieg von Kuhmilch auf pflanzliche Alternativen, da diese je Liter oft teurer sind als Milch von der Kuh. Verbraucherschützer kritisieren dies und fordern, dass der Mehrwertsteuersatz für pflanzliche Milch auf sieben Prozent gesenkt wird. Auch wird diskutiert, dass der ermäßigte Steuersatz von sieben Prozent für sämtliche pflanzliche Lebensmittel gelten soll, um ihren Konsum zu fördern. Lebensmittel vom Tier sollen hingegen durchweg mit 19 Prozent besteuert werden. Ob sich dies durchsetzen wird, ist zwar unklar, aber sinnvoll wäre es. Denn so würde die Umstellung auf pflanzenbasierte Ernährung unter finanziellen Aspekten deutlich erleichtert.

Günstig gut einkaufen

Wie gehen günstig, gesund und nachhaltig essen nun im Alltag zusammen? Es ist einfacher, als Sie vielleicht denken, braucht aber ein wenig Wissen. Die Schwedin Hanna Olvenmark erklärt in ihrem Kochbuch *Nachhaltig kochen unter 1 Euro*, wie eine nachhaltige Ernährung umgesetzt werden kann. Sie gibt Tipps für den Einkauf und die Vorratshaltung und zeigt preiswerte, leckere Rezepte, die klarmachen: Auch mit wenig Geld lässt es sich günstig gesund genießen. Da das Buch ein Erfolg war, folgte bald ein zweites: *Nachhaltig kochen. Die 40-Euro-Woche*, ebenfalls ein Kochbuch.

Hanna Olvenmarks Rezepte sind nicht vegan, aber sie setzt sehr viele pflanzliche Lebensmittel ein, da diese günstiger sind als Lebensmittel von Tieren. Allerdings kocht sie nicht explizit mit Bioprodukten. Natürlich bereitet sie alles selbst zu und kauft auch unterwegs, auf Reisen oder bei beruflichen Terminen kein (teures) Essen ein, sondern nimmt alles mit – selbst zubereitet und schön verpackt in Boxen. Meal Prep heißt das heute, also die Mitnahme vorbereiteter Speisen, um unterwegs unabhängig von teurem Essen zu sein.

Einkaufen mit Plan

Der gute und günstige Einkauf beginnt mit der Planung. Spontan einkaufen gehen und das mit Hunger, wird oft teurer. Denn dann landet meist mehr Essen im Einkaufswagen als geplant, und das sind Kosten, die nicht sein müssen. Es ist darum hilfreich, sich zunächst einen Wochenplan zu überlegen und anhand des Plans eine Einkaufsliste zu erstellen. Für den Plan sollte überlegt werden, was an welchen Tagen ansteht, wann also mehr, wann weniger Zeit zum Kochen ist. Kommt an einem Abend der Woche Besuch, sind andere Kinder zum Essen da?

Wer berufstätig ist, sollte auch alles, was an Speisen mit ins Büro genommen wird, in die Liste eintragen. Dasselbe gilt für die Pausenmahlzeiten der Kinder, für Nachmittagstermine und berufliche Reisen. Okay, das alles zusammenzustellen, ist viel Arbeit. Aber wer es öfters macht, wird feststellen, dass sich eine gewisse Routine einstellt. Unterstützung für die Planung mit Überblick bieten diverse Einkaufsplaner, die es im Internet zum kostenlosen Download gibt (siehe Abbildung auf Seite 52).

Bei der Auswahl der Lebensmittel ist es gut, einen Mix aus Produkten, die bald verbraucht werden, und allem, was eine Weile hält, auf die Einkaufsliste zu setzen. So sind Karotten, Pastinaken und Rote Bete, Kürbisse und Kartoffeln sehr viel länger haltbar als vergleichsweise Salate und Blattspinat. Die empfindlicheren Lebensmittel werden darum zu Beginn der Woche verarbeitet und verzehrt, die besser haltbaren zum Ende der Woche. Es soll ja nichts verderben und weggeworfen werden. Das wäre schade um die Lebensmittel und auch um das Geld, das dafür ausgegeben wird.

Doch es müssen auch Rezepte her, um den Plan mit Leben zu füllen. Vielleicht gibt es schon eine eigene Rezeptsammlung, die genutzt werden kann? Kochanleitungen, ob in Form von Büchern oder virtuell im Internet, alle erleichtern es, leckere und gesunde Mahlzeiten für die Woche zusammenzustellen. Auch die Familie kann natürlich miteinbezogen werden: Wenn jede und jeder Wünsche anmelden darf, sind am Ende alle (satt und) zufrieden.

Was habe ich noch da?

Mithilfe des Rezeptplans wird der Einkaufszettel geschrieben. Bevor es losgeht, macht es Sinn, kurz nachzuschauen, was noch im Kühlschrank und vor allem was noch im Vorratsregal steht. Denn längst nicht alles muss jede Woche neu einge-kauft werden. Nudeln, Reis, getrocknete Hülsenfrüchte, Müsli, Mehl, Knäckebrot, Kaffee und Tee und vieles andere ist oft noch reichlich vorhanden. Ein gut bestückter Vorratsschrank ist also Gold wert (siehe Kapitel 4).

Profis schreiben die Lebensmittel gleich in der Reihenfolge auf den Einkaufszettel, wie sie im Supermarkt zu finden sind. Gemüse und Obst stehen also ganz oben auf der Liste, weil diese Lebensmittel oft im Eingangsbereich der Märkte zu fin-den sind, Getränke und Eis am Ende, sie stehen meist in der Nähe der Kasse. Aber das macht nur Sinn, wenn alles in einem Laden eingekauft wird.

Die Verbraucherzentralen raten dazu, immer nur einen einzi-gen großen Wocheneinkauf zu machen, also möglichst alles in einem Rutsch einzukaufen. Das bedeutet zwar viel Schlep-perei, gerade wenn vier oder fünf Personen versorgt werden müssen. Aber da ist was dran. Je seltener der Weg in den Su-permarkt führt, umso geringer das Risiko, zum Kauf von Din-gen verführt zu werden, die gar nicht benötigt werden. Denn es ist ja so: An jeder Ecke locken super Angebote, Packungen in XXL-Größe und anderes mehr, die aber nicht unbedingt bil-liger sind als Basic-Produkte (zu Tricks bei angeblichen Schnäppchen siehe Kapitel 2).

Selbsttest: Wie nachhaltig kaufe ich ein?

Wollten Sie schon immer wissen, wie es um das eigene Einkaufsverhalten in Sachen Umweltschutz steht? Dann machen Sie diesen Test des BUND Naturschutz in Bayern. Für verschiedene Lebensmittel wird hier nach der Einkaufsstätte, der Herkunft und Produktionsart (bio, ohne Gentechnik, konventionell oder industriell) gefragt. Testen Sie sich mal!

EINKAUFSSTÄTTE				
Lebensmittel	Direkt beim Erzeuger	Einzelhandel/ Eigentümer- geführt/ Naturkostladen	Supermarkt/ Biosupermarkt	Discounter
Wählen Sie je ein Lebensmittel, das Sie häufig kaufen, z. B. aus folgenden Bereichen:	**3 Punkte**	**2 Punkte**	**1 Punkt**	**0 Punkte**
Obst/Gemüse	O	O	O	O
Getreideprodukt	O	O	O	O
Milchprodukt	O	O	O	O
Eier/Fleischprodukt/Tofu	O	O	O	O

HERKUNFT				
Lebensmittel	< 100 km	< 300 km	< 800 km	> 800 km Flugware
Wählen Sie je ein Lebensmittel, das Sie häufig kaufen, z. B. aus folgenden Bereichen:	**3 Punkte**	**2 Punkte**	**1 Punkt**	**0 Punkte**
Obst/Gemüse	O	O	O	O
Getreideprodukt	O	O	O	O
Milchprodukt	O	O	O	O
Eier/Fleischprodukt/Tofu	O	O	O	O

PRODUKTIONSART				
Lebensmittel	Bio= ohne Gentechnik	ohne Gentechnik	konventionell	industriell
Wählen Sie je ein Lebensmittel, das Sie häufig kaufen, z. B. aus folgenden Bereichen:	3 Punkte	2 Punkte	1 Punkt	0 Punkte
Obst/Gemüse	○	○	○	○
Getreideprodukt	○	○	○	○
Milchprodukt	○	○	○	○
Eier/Fleischprodukt/Tofu	○	○	○	○

BEWERTUNG

Nachdem Sie für 4 Lebensmittel, die Sie häufig einkaufen, die Punktzahlen angekreuzt haben, ermitteln Sie die Gesamtpunktzahl:

30 – 36 Punkte:
Sie haben ein gutes Gespür für umweltverträglich erzeugte Lebensmittel und ernähren sich nicht nur gesund, sondern tragen auch zum Wohlergehen von Natur und Umwelt bei. Weiter so!

24 – 29 Punkte:
Ihr Einkauf orientiert sich an Umweltkriterien und unterstützt regionale Märkte, bei den Qualitätskriterien können Sie noch zulegen.

16 – 23 Punkte:
Sie achten schon auf Umwelt- und Gesundheitsaspekte, wissen aber vielleicht noch nicht genau, wie Sie die entsprechenden Produkte schnell finden können.

15 und weniger Punkte:
Sie können einiges zugunsten der Umwelt und Ihrer Gesundheit in Ihrem Einkaufsverhalten verbessern.

Quelle: Bund Naturschutz in Bayern e.V.

BEISPIEL-WOCHENPLAN

	FRÜHSTÜCK	MITTAGESSEN	ABENDESSEN
MONTAG			
DIENSTAG			
MITTWOCH			
DONNERSTAG			
FREITAG			
SAMSTAG			
SONNTAG			

EINKAUFSLISTE

- ○ _____
- ○ _____
- ○ _____
- ○ _____
- ○ _____
- ○ _____
- ○ _____
- ○ _____
- ○ _____
- ○ _____
- ○ _____

- ○ _____
- ○ _____
- ○ _____
- ○ _____
- ○ _____
- ○ _____
- ○ _____
- ○ _____
- ○ _____
- ○ _____
- ○ _____

TO-DO-LISTE

- ● _____
- ● _____
- ● _____
- ● _____
- ● _____

WAS HEISST DAS UNTERM STRICH?

- Planen Sie Ihren Einkauf mithilfe von Zettel und Stift oder geben Sie alles in die Notizfunktion des Handys oder Pads ein.

- Schreiben Sie sämtliche Lebensmittel auf, die im Laufe der Woche benötigt werden, also neben den Zutaten für die Hauptmahlzeiten auch alles für die Pausenbrote der Kinder, für Mahlzeiten, die mit ins Büro genommen werden, und besondere Dinge, wenn Besuch kommt.

- Überprüfen Sie auch, was noch im Vorrat steht oder fehlt.

- Kaufen Sie nur so viel ein, wie wirklich verbraucht wird. Lebensmittel sind zu schade zum Wegwerfen.

LIEBER NICHT HUNGRIG EINKAUFEN GEHEN

Wer mit knurrendem Magen einkaufen geht, gibt mehr Geld aus, als wenn der Bauch voll ist. Das ergab eine Studie der Universität von Minnesota im US-Staat Minneapolis. Für die Studie wurden Probanden, die in einem Shoppingcenter einkaufen gehen, gebeten, anzugeben, ob sie hungrig oder satt einkaufen gehen – und auch den Einkaufsbon vorzulegen. Dabei kam heraus: Alle, die sich selbst als hungrig eingeschätzt hatten (auf einer Skala von 1 bis 10), kauften mehr ein und gaben mehr Geld aus als diejenigen, die satt Shoppen gegangen waren. Das galt auch für andere Produkte, also Nicht-Lebensmittel. Also: erst essen, dann shoppen!

Wo kann ich günstig einkaufen?

Diese Frage lässt sich nicht in einem Satz beantworten. Denn Discounter sind inzwischen nicht mehr unbedingt billiger als Supermärkte und Bioläden. Bei Discountern waren die Preissteigerungen in den vergangenen Jahren am höchsten (siehe Kapitel 1).

Dass Bioläden oft günstiger sind als Discounter, zeigt auch ein Test des Senders RTL. Mitarbeiter gingen im Mai 2023 einkaufen und stellten fest, dass ein Warenkorb, bestehend aus Milch, Butter, Brot, Nudeln und ein paar weiteren Lebensmitteln, im Biosupermarkt 35 Euro kostete. Im Discounter wurden hingegen rund 40 Euro fällig. Das ist zwar nur ein Unterschied von fünf Euro. Doch über das Jahr summiert sich alles zu knapp 250 Euro.

Man kommt also nicht drum herum, Preise zu vergleichen. So entwickelt sich mit der Zeit ein Gefühl, wo was preislich am günstigsten ist. Doch nicht jedem Schnäppchen sollte nachgejagt werden. Denn Qualität im Sinne von Nachhaltigkeit, artgerechter Tierhaltung und Fairness ist zum Schnäppchenpreis meist nicht zu haben.

Wenig Sinn macht es zudem, von Laden zu Laden zu hoppen, in der Hoffnung, dass die Milch oder der Joghurt im Laden A ein paar Cent günstiger ist als im Laden B. Denn das kostet Nerven, Zeit und Sprit, sofern mit dem Auto einkaufen gefahren wird. Auch das kostet Geld.

WAS HEISST DAS UNTERM STRICH?

- Der Einkauf im Discounter ist nicht generell günstiger als der im Supermarkt oder Bioladen.

- Preisvergleiche lohnen sich. Ob Discounter, Super- oder Biomarkt, viele Anbieter stellen ihre »Werbezettel« online. Auch Apps können beim Vergleichen von Preisen helfen (siehe Kasten unten).

- Ladenhopping, um das günstigste Schnäppchen zu ergattern, ist zeitaufwendig und stresst.

HILFREICHE EINKAUFS-APPS

Wo ist gerade was günstig? Das lässt sich mithilfe verschiedener Einkaufs-Apps vor dem Einkaufstrip ermitteln.

- Smhaggle ist eine bekannte App für den preisgesteuerten Einkauf. Der Name setzt sich aus den Worten »smart« und »haggle« zusammen und bedeutet so viel wie »clever feilschen«. Und das geht so: Nach Eingabe des Einkaufszettels zeigt die App an, in welchen Supermärkten und Discountern der Umgebung wo was am preiswertesten angeboten wird. »Die Macher der App versprechen bis zu 30 Prozent Ersparnis bei Lebensmitteleinkäufen, das sollen pro Haushalt im Jahr durchschnittlich 1200 Euro sein«, erklärt das Magazin *Chip*, das die App getestet hat. Es gibt auch eine Favoritenfunktion, über die man die Preisentwicklung favorisierter Produkte auf einer separaten Liste im Auge behalten kann. Das Ganze ist zwar kostenlos, hat aber laut *Chip* einen Haken: »Die kompletten Einkaufsdaten werden mit dem Anbieter der App geteilt und zusammen mit personenbezogenen Daten zu einem Einkaufsprofil zusammengebaut. Bei Nutzung der App kann der Anbieter nachvollziehen, welches Produkt Sie wann und wo zu welchem Preis gekauft haben.«

- Eine weitere App ist kaufDA. Hier sind die Aktionsangebote von Lebensmittelhändlern wie Aldi, Lidl, Kaufland und Co. hinterlegt. Mithilfe der App lassen sich somit Preisvergleiche zwischen den Lebensmittelmärkten anstellen. Das ist recht komfortabel, aber wie bei allen Apps werden die User getrackt. Individuelle Shoppingdaten werden also erfasst und verarbeitet, ergab eine Untersuchung der Stiftung Warentest von 16 Preisvergleichs-Apps.

- Eine Möglichkeit, Sonderangebote zu nutzen, ohne persönliche Daten herauszugeben, ist die klassische Wurfsendung. Vielerorts gibt es sie immer noch einmal wöchentlich nach Hause in den Briefkasten. Das ist zwar nicht so praktisch, wie online zu shoppen, und erzeugt viel Papier. Aber so müssen keine persönlichen Daten hinterlassen werden.

Nach reduzierten Lebensmitteln gucken

Eine schöne Möglichkeit, Geld zu sparen, ist, reduzierte Lebensmittel zu kaufen. Fast jedes Geschäft bietet heute ein Eckchen an, in dem reduzierte Produkte zu finden sind, oft in der Kühlung. Dort stehen dann zum Beispiel Joghurt, Sahne, Käse und Wurst mit dem Hinweis »Wegen begrenzter Haltbarkeit im Preis reduziert«. Das Mindesthaltbarkeitsdatum (MHD) dieser Produkte läuft also in den nächsten Tagen ab, sodass sie nicht mehr zum regulären Preis verkauft werden dürfen.

Auch ungekühlte Produkte, die kurz vor Ablauf des Mindesthaltbarkeitsdatums sind, oder Lebensmittel, die aus dem Sortiment des Ladens genommen werden, sind oftmals im Preis reduziert. Wer hier zugreift, kann wirklich gute Produkte zum kleinen Preis finden, vor allem in Biosupermärkten. Trotzdem sollte immer überlegt werden, ob das jeweilige Produkt wirklich benötigt wird. Es macht keinen Sinn, Dinge zu kaufen, nur weil sie billiger sind, wenn diese am Ende aber nicht gegessen werden. Auch ungesunde Produkte, wie Fruchtjoghurts oder Puddings aus dem Becher, werden nicht gesünder, nur weil sie verbilligt verkauft werden.

Auch sollte immer der Preis kontrolliert werden. Im Preis reduzierte Produkte sind manchmal trotz Preisnachlass teuer, Fertigprodukte zum Beispiel. Würde man das Gericht selber kochen, wäre es also günstiger, als das Essen teuer aus der Tüte zu kaufen.

MINDESTHALTBARKEITSDATUM IST KEIN VERFALLSDATUM

Im Preis reduzierte Lebensmittel stehen meist kurz vor Ablauf des Mindesthaltbarkeitsdatums (MHD). Das ist der Zeitpunkt, bis zu dem ein Lebensmittel bei sachgerechter Aufbewahrung wie Kühlung oder trockene Lagerung seine typischen Eigenschaften wie Geschmack, Farbe, Geruch und Konsistenz mindestens behält. Doch das Mindesthaltbarkeitsdatum ist kein Verfallsdatum, ab dem das Lebensmittel verdorben ist. Vielmehr sind viele Produkte noch weit über das Mindesthaltbarkeitsdatum hinaus gut und können bedenkenlos gegessen werden, etwa Joghurt,

Quark und Käse. Vor allem trockene Lebensmittel wie Nudeln, Reis, Hülsenfrüchte, Mehl und auch Konserven sind deutlich länger gut als das Mindesthaltbarkeitsdatum angibt. Es ist eben nur ein Mindesthaltbarkeitsdatum. Aber Achtung: Wenn es beim Öffnen der Packung untypisch riecht oder schmeckt, sollte das Produkt nicht mehr gegessen oder getrunken, sondern weggetan werden.

Besondere Vorsicht ist hingegen bei empfindlichen Lebensmitteln wie Hackfleisch, rohem Geflügel und Fischprodukten geboten. Sie tragen immer ein Ver-brauchsdatum, kein Mindesthaltbarkeitsdatum, denn sie verderben sehr schnell. Diese Lebensmittel dürfen nach Ablauf des Verbrauchsdatums auf keinen Fall mehr gegessen werden. Der Genuss der Produkte kann sonst mit gesundheitlichen Risiken einhergehen.

Doch das sind Ausnahmen. Die meisten Produkte können noch weitaus länger als das Mindesthaltbarkeitsdatum genossen werden. Die Initiative Too Good To Go (siehe Seite 95) hat darum die Kampagne »Oft länger gut« gestartet. Lebensmittelproduzenten können ein Label auf ihr Produkt drucken, mit dem sie Konsument*innen dazu auffordern, Produkte auch nach Ablauf des Mindesthalt-barkeitsdatums zu genießen – und somit Food Waste, also Lebensmittelmüll, zu vermeiden. Ein Logo zeigt das empfohlene Vorgehen für den Frischecheck (siehe Abbil-dung).

Oft länger gut!
© Too Good To Go

Kurz vor zwölf zum Wochenmarkt

Beim Einkauf von Gemüse und Obst auf Wochenmärkten lässt sich zudem Geld sparen. Kurz vor Marktende werden übrig gebliebene Erdbeeren, Tomaten oder Salate, also alles, was leicht verderblich ist, oft zum halben Preis »rausgehauen«. Vor allem am Samstag, wenn Produkte am nächsten Tag nicht mehr verkauft werden können, gibt es echte Schnäppchen. Manchmal werden ganze Paletten voll mit Erdbeeren oder Tomaten zum kleinen Preis verkauft. Das ist zwar zum Sofortessen zu viel, doch daraus lässt sich Marmelade oder Tomatensauce für den Vorrat kochen. Wer also kurz vor zwölf – beziehungsweise zu der Uhrzeit, an der der Markt schließt – auf dem Markt stöbern geht, kann richtig viel Geld sparen.

Da im Vorfeld allerdings unklar ist, was billig angeboten wird, braucht es auch ein wenig Offenheit und Kreativität. Gibt es zum Beispiel gerade grüne Bohnen billiger, wird abends ein Bohneneintopf gekocht – oder alles kommt erst einmal in die Tiefkühltruhe. Sind Pflaumen billig, gibt es ad hoc Kuchen oder Kompott mit Grießbrei. Das macht Spaß und ermöglicht es auch, einmal ganz neue Rezepte auszuprobieren.

Preiseinstiegsangebote

Ob Bioladen, Supermarkt oder Discounter, der Lebensmittelhandel arbeitet mit sogenannten Preiseinstiegsprodukten. Dies sind Basics wie Milch, Müsli, Marmelade, Margarine und Nudeln, die oft etwas günstiger angeboten werden als die vergleichbaren Herstellermarken. Doch auch hier muss man aufpassen: In der Vergangenheit waren gerade bei Eigenmarken aus Supermärkten und Discountern die Preiserhöhungen überproportional hoch (siehe Kapitel 1). Grundsätzlich bieten diese Lebensmittel aber die Möglichkeit, günstig und gesund einzukaufen. Das gilt vor allem für Biolebensmittel.

So gibt es bei der Biosupermarktkette Alnatura seit Sommer 2023 unter dem Namen »Prima! Alnatura« rund 20 sehr günstige Bioprodukte. Dazu zählen Apfelsaft, Nudeln, Haferflocken, Kichererbsen im Glas, Apfelmark, Honig, vegane Brotaufstriche, Chips und vieles mehr. Die Preise liegen deutlich unter den Preisen der vergleichbaren Alnatura-Produkte. 500 Gramm »Prima! Alnatura«-Haferflocken kosten zum Beispiel 99 Cent, 400 Gramm Dosentomaten 89 Cent und das Kilo Bio-Weizenvollkornmehl ist für 1,19 Euro zu haben. Diese Produkte gibt es in den eigenen Alnatura-Märkten und im Onlineshop.

Wieso ist das so billig?

Auch wenn sie günstig sind: Es sind »echte« Bioprodukte. Jedoch tragen sie kein Bio-Verbandslabel wie Demeter, Naturland oder Bioland. Diese stehen für eine höhere Bioqualität als Biolebensmittel, die »nur« nach EU-Öko-Verordnung erzeugt werden. Auch hat Alnatura die Verpackungen eher schlicht gehalten und die Produkte werden in größeren Einheiten angeboten. Nudeln gibt es zum Beispiel im 1-Kilo-Paket, so lassen sich Verpackungskosten sparen, erklärt eine Alnatura-Sprecherin. Auch kommen die Rohstoffe für zum Beispiel Dosentomaten nicht zu 100 Prozent aus Italien, wie es bei anderen Alnatura-Tomatenprodukten der Fall ist, sondern auch aus anderen europäischen Ländern.

Auch in anderen Bioläden gibt es günstige Bioprodukte. Biofachgeschäfte, die vom Biogroßhändler Dennree beliefert werden, bieten dauerhaft rund 200 günstige Produkte unter dem orangefarbenen Label »Bio für jeden Tag« an. Dieses Siegel finden Kunden direkt am Regal. Es ist bei Lebensmitteln des täglichen Gebrauchs wie Kaffee und Tee, Tofu, Müsli, Haferdrink, Fruchtaufstriche, Essig und Öl, Mehl und Hülsenfrüchte zu finden. Zudem gibt es in den Läden mit Dennree-Angebot das »günstige Wochenende«. Es sind zwei wechselnde Produkte, die ein besonders gutes Preis-Leistungs-Verhältnis haben. »Für uns ist bio etwas Wertvolles, aber nichts Exklusives. Wir möchten möglichst vielen Menschen ermöglichen, sich biologisch zu ernähren, und dazu gehört auch der preisbewusste Einkauf«, erklärt Ralf Schwarz, Leitung Warenmanagement im Bio-Markt-Verbund, in dem rund 530 selbstständige Biomärkte und Denn's Biomärkte aus Deutschland und Österreich zusammengeschlossen sind.

Wie gut sind Preiseinstiegsmarken?

Leider kann man nur bei Bio-Preiseinstiegsmarken davon ausgehen, dass sie eine gute Qualität haben. Denn sie müssen immer die Vorgaben der EU-Öko-Verordnung erfüllen. Der Anbau erfolgt also ohne giftige Pflanzenschutzmittel und synthetische Düngemittel, bei der Verarbeitung dürfen nur bestimmte Zusatzstoffe verwendet werden. Während für konventionelle Produkte mehr als 300 Zusatzstoffe eingesetzt werden können, sind für Bioprodukte nur rund 50 Zusatzstoffe erlaubt.

Andere Preiseinstiegsprodukte sind weniger durchschaubar. In der Regel werden sie von Firmen hergestellt, die auch Markenprodukte produzieren. Um ihre Maschinen auszulasten, stellen sie im Auftrag der Supermärkte und Discounter deren Eigenmarken her. Auch sogenannte Lohnunternehmen stellen Eigenmarken für Lebensmittelhändler her. Da diese vorgeben, welche Qualität die Produkte haben sollten, ist davon auszugehen, dass an hochwertigen Rohstoffen gespart wird.

Schließlich sollen die Lebensmittel besonders günstig angeboten werden.

Noch mehr günstige Bioprodukte!

Eine weitere Möglichkeit, an preiswerte Bioprodukte zu kommen, sind Bio-Aktionen in Supermärkten und bei Discountern. Bei Aldi gibt es beispielsweise mehrmals im Jahr Biolebensmittel, die der Discounter nicht regulär im Sortiment hat. Sie sind deutlich günstiger als vergleichbare Markenprodukte. Dazu zählen zum Beispiel Brotbackmischungen, Nussmuse, Nüsse und Weine. Aber auch diese sollten nur gekauft werden, wenn der Preis je Kilo akzeptabel ist.

Ist Gemüse teurer?

Wer sich dazu entschließt, vor allem pflanzliche Lebensmittel zu kaufen, stellt sich vielleicht die Frage »Ist das unterm Strich nicht viel teurer?«. Nein! Es gibt verschiedene Studien, die zeigen, dass eine vegetarische oder vegane Ernährung preisgünstiger ist als eine mit Fleisch und Fisch. Im Rahmen einer Untersuchung des Forschungsinstituts für pflanzenbasierte Ernährung von 2022 wurden die Preise von 20 beliebten Standardgerichten aus Deutschlands Küchen und Kantinen erfasst und ausgewertet. Es kamen vor allem beliebte Speisen wie Spaghetti bolognese oder Frikadellen mit Bratkartoffeln und Rotkohl auf den Prüfstand – jeweils in der traditionellen Variante mit Fleisch und auch als rein pflanzliche, also vegane Version. In der »veganisierten«, also rein pflanzlichen Variante waren die Gerichte meist preisgünstiger als die fleischhaltigen Originale. Der Preisvorteil beim rein pflanzlichen Essen war umso größer, je weniger Fertigprodukte, etwa Hack aus Hülsenfrüchten, verwendet wurden – zugunsten von Basics wie etwa Linsen. Die bio-veganen Gerichte waren wiederum deutlich kostengünstiger als Biofleischgerichte.

Andere Studien bestätigen dies. Die Behauptung, dass sich pflanzliche Biolebensmittel nur Besserverdienende leisten können, stimmt also nicht. Vielmehr kann eine pflanzenbasierte Ernährung mit Biolebensmitteln gerade in finanziell angespannten Zeiten eine gute Alternative sein, gesund über die Runden zu kommen.

Dass Menschen, die rein pflanzlich essen, weniger Geld fürs Essen ausgeben als diejenigen, die auch Fleisch genießen, zeigt eine weitere Studie von 2022. Sie kommt zu dem Ergebnis, dass Verbraucherinnen und Verbraucher, die viel oder ausschließlich vegan essen, geringere Ausgaben für Lebensmittel haben als diejenigen, die auch Wurst, Schnitzel und Steak kaufen. Auch hier machte sich im Portemonnaie vor allem das Selberkochen bemerkbar.

WAS HEISST DAS UNTERM STRICH?

- Pflanzliche Lebensmittel sind tendenziell günstiger als tierische Produkte. Preiswert kochen lässt sich also vor allem mit Gemüse, Obst, Vollkornprodukten, Hülsenfrüchten, Nüssen und Samen wie Kürbis- und Sonnenblumenkernen, Sesam- und Leinsamen sowie pflanzlichen Ölen und Fetten.

- Pflanzendrinks wie zum Beispiel Hafer- und Sojadrinks sind gesunde und ökologisch sinnvolle Alternativen zu Kuhmilch, die den Speisezettel bereichern können. Sie sind je Liter aber nur dann deutlich günstiger als gute Kuhmilch, zum Beispiel Bio-Weidemilch, sofern Basic-Varianten wie Hafer- oder Sojadrink gekauft werden. Barista-Varianten aus Hafer und Soja oder Erbsen sowie pflanzliche Mischungen, die sich »no milk«

oder »like milk« nennen, sind deutlich teurer – und auch gar nicht nötig. Ein einfacher und preiswerter Haferdrink lässt sich prima schäumen, wenn ein kleiner Schuss Sojadrink dazugegeben wird.

- Der Speisezettel kann durch kleine Mengen an Alternativen zu Wurst, Joghurt und Käse ergänzt werden. In allen Biomärkten, Supermärkten und Discountern gibt es heute Veggiewurst, Sojajoghurt und pflanzliche Brotaufstriche. Sie erleichtern den Umstieg auf eine pflanzenbasierte Ernährung. Hier lohnt es sich wiederum, bio zu kaufen, denn Bio-Fleischalternativen enthalten deutlich weniger Zusatzstoffe als die aus konventionellen Rohstoffen, ergab eine Studie des Forschungsinstituts für pflanzenbasierte Ernährung.

- Es gibt viele weitere Wege, Lebensmittel günstig einzukaufen. Vor allem Bio-Preiseinstiegsmarken bieten die Möglichkeit, bio zu kaufen und Geld zu sparen. Da alle nach EU-Öko-Verordnung erzeugt werden, sollte auch die Qualität stimmen. Dasselbe gilt auch für Bio-Aktionsprodukte von Discountern.

- Lebensmittel nahe dem Mindesthaltbarkeitsdatum sind meist noch länger gut, aber oft nur halb so teuer wie das Produkt, dessen Mindesthaltbarkeitsdatum noch weiter in der Zukunft liegt. Auch Brot vom Vortag beim Bäcker ist noch frisch und kann zum Beispiel getoastet gegessen werden. Doch stets gilt auch: Immer erst prüfen, ob das Lebensmittel tatsächlich noch einwandfrei riecht, schmeckt und aussieht. Das gilt vor allem für frische tierische Produkte wie Fischwaren, Wurst und Eiersalate. Sie sind leicht verderblich.

- Beim Bäcker werden Brote vom Vortag oft zum reduzierten Preis angeboten.

- Wer quasi fünf vor zwölf auf dem Wochenmarkt einkaufen geht, kann gut und günstig Lebensmittel erwerben. Sinn macht es aber trotzdem, zu überprüfen, ob das Angebot zum kulinarischen Wochenplan passt. Wer gerade keine Palette Tomaten verarbeiten kann, sollte sie besser auch nicht kaufen.

- Bei allen Angeboten ist wichtig, immer auch den Kilo- beziehungsweise Literpreis zu checken: Ist die Butter oder das Müsli aus der Aktion tatsächlich günstiger als das vergleichbare Produkt?

WICHTIG: IMMER DEN PREIS JE KILO CHECKEN

Supersonderangebote, Aktionsartikel und Vorteilspackungen – täglich werden Lebensmittel und Getränke zu verlockenden Preisen angeboten. Doch oft ist dies mehr Schein als Sein (siehe Kapitel 1). Um zu beurteilen, ob ein Produkt tatsächlich günstiger ist als das eines anderen Anbieters oder im Vergleich zu einer kleineren Packung, lohnt der Blick auf den Grundpreis. Er muss verpflichtend angegeben werden und wird je Kilo (bei festen Lebensmitteln) oder je Liter (bei Getränken) auf einem Schildchen am Regal ausgezeichnet. Diese Angabe enthält auch die Mehrwertsteuer und sonstigen Preisbestandteile.

Läden *müssen* den Grundpreis angeben, wenn Produkte in Fertigpackungen verkauft werden. Denn nur so sind Preisvergleiche möglich. Auch lose Lebensmittel wie Gemüse und Obst sowie Nüsse, Flocken und Kerne, die zunehmend auch unverpackt und nach Gewicht angeboten werden, müssen die Grundpreisangabe tragen;

hier sind neben dem Kilopreis auch Angaben in Gramm beziehungsweise Milliliter erlaubt. Der Grundpreis ist also eine sehr gute Möglichkeit, um nicht in Preisfallen zu tappen. Leider ist er auf dem Schild am Regal oft sehr klein gedruckt.

Ausnahmen für die Grundpreisangabe gibt es für Lebensmittel und Getränke, die an Kiosken, Marktständen oder in Hofläden angeboten werden – oder in Kantinen und Restaurants. Hier geht der Gesetzgeber davon aus, dass eine Bedienung gefragt werden kann, was das jeweilige Produkt je Kilo oder Liter kostet. Ob der Verkäufer oder die Verkäuferin dies tatsächlich weiß, sei allerdings dahingestellt.

Teure Fertigprodukte

Fertigprodukte wie Tiefkühlpizza, Tiefkühlprodukte und Suppen in Gläsern sind deutlich teurer als vergleichsweise lose angebotene Lebensmittel. Denn darin steckt im übertragenen Sinne jede Menge Arbeit, Energie, Verpackung und letztendlich auch Werbung, die ihren Preis haben.

Darum kann viel Geld sparen, wer möglichst viel selbst kocht. Zwar ist das Selbermachen zeitaufwendiger, als eine Tüte oder einen Karton aufzureißen. Denn der Einkauf muss erst geplant werden, dazu kommen der Einkauf selbst und das Kochen. Es muss also zum Beispiel ein Teig für Pizza angesetzt oder es müssen alle Zutaten für den Auflauf geschnippelt und gegart werden. Doch es bleibt viel mehr Geld im Portemonnaie hängen, wenn möglichst viel selbst zubereitet wird.

Das zeigen Berechnungen der Verbraucherzentrale Hamburg. Sie stellte im Rahmen einer Preisstudie die Kosten für verschiedene Fertig- bzw. Halbfertigprodukte den entsprechenden selbst gekochten Gerichten gegenüber. Unter die Lupe kamen beliebte Speisen wie Kuchen, Pizza mit Salami und Schokoladenpudding. Die Berechnungen ergaben, dass die Selfmade-Variante stets kostengünstiger ist als das fertig gekaufte Pendant. Der selbst gebackene Marmorkuchen ist rund viermal günstiger als der aus der Tüte. Die Pizza aus dem eigenen Backofen kostet etwa halb so viel wie die aus der Tiefkühltruhe. Und auch der Schokopudding »homemade« ist nur halb so teuer wie der fertig gekaufte. Die Studie ist zwar schon aus dem Jahr 2011, inzwischen ist alles deutlich teurer geworden. Aber von den Relationen passt es nach wie vor: Selber machen ist billiger!

Auch Berechnungen der Verbraucherzentrale Hessen von 2023 kommen zu diesem Ergebnis. Im Rahmen eines Onlineseminars mit dem Titel »Lebensmittelpreise außer Rand und Band – wie kann ich sparen?« wurde gezeigt, wie viel günstiger zum Beispiel eine selbst gemachte Gemüsepfanne mit Kartoffeln, Rosenkohl, Champignons und Karotten im Vergleich zur Fertigpfanne ist – inklusive der benötigten Energie für die Zubereitung. Ergebnis: Die Selfmade-Pfanne kostet je 100 Gramm 0,40 Euro, die gekaufte Gemüse-Pilz-Pfanne 0,66 Euro. Der selbst gebackene Marmorkuchen schlägt mit 0,47 Euro je 100 Gramm zu Buche, der gekaufte ist mit 0,80 Euro fast doppelt so teuer. Schöner Nebeneffekt des selbst gebackenen Marmorkuchens: Mit 1430 Gramm ist er rund viermal so schwer wie der Fertigkuchen. Um vier bis sechs Gäste zu bewirten, würde also ein selbst gebackener Kuchen reichen. Von dem leichtgewichtigen Fertigkuchen müssten zwei bis drei Stück gekauft werden – was alles wiederum teurer macht. Auch die selbst gemachte Pizza punktet preislich. Sie kostet 0,82 Euro je 100 Gramm, die aus der Tiefkühltruhe 1,05 Euro. Alle Fertigprodukte sind also deutlich teurer als selbst gemachte.

Selber kochen ist viel billiger: Beispiel Gemüsepfanne

Selbst gemacht		Fertigprodukt	
Kosten für Zutaten:		Kosten für Zutaten:	
30 ml Sonnenblumenöl	0,12 €	480 g Gemüse-Pilz-Pfanne	2,69 €
220 g Kartoffeln	0,27 €		
90 g Champignons	0,40 €		
50 g Rosenkohl	0,11 €		
50 g Grüne Bohnen	0,23 €		
30 g Karotten	0,04 €		
10 g Zwiebeln	0,02 €		
Energiekosten	0,72 €	Energiekosten	0,48 €
Gesamtkosten für ca. 480 g	1,91 €	Gesamtkosten für ca. 480 g	3,17 €
Kosten pro 100 g	0,40 €	Kosten pro 100 g	0,66 €

© Verbraucherzentrale Hessen e. V.

Das Selbermachen hat auch den Vorteil, dass keine oder viel weniger Zusatzstoffe auf dem Teller landen. Denn Fertigprodukte enthalten fast immer Zusätze wie zum Beispiel Verdickungs- und Säuerungsmittel, Konservierungs- und Farbstoffe sowie Aromen. In der EU sind mehr als 300 Zusatzstoffe für die Herstellung von Lebensmitteln zugelassen. Sie werden eingesetzt, um Lebensmittel länger haltbar oder optisch attraktiver zu machen, um das Entmischen von Zutaten zu verhindern oder ihren Zusammenhalt zu fördern. Viele Zusatzstoffe sind harmlos, doch es gibt auch Substanzen wie zum Beispiel Farbstoffe, die Allergien fördern, Süßstoffe, die möglicherweise krebserregend sind, oder Geschmacksverstärker, die vermutlich das Vielessen und damit Übergewicht fördern.

Es ist also ratsam, keine oder möglichst wenig Zusatzstoffe zu essen.

Auch bei Getränken sparen

Auch die Preisunterschiede zwischen fertig zubereiteten und selbst gemachten Getränken sind in der Regel groß. Biermischungen mit Schnaps, Softdrinks wie Cola und Limo, Saftschorlen und stylishe Teegetränke sind Fertiggetränke, die ihren Preis haben. Mineral- und Leitungswasser sind hingegen gute preiswerte Basics. Sie lassen sich auch gut selbst in einen leckeren Drink umwandeln. Mineralwasser mit ein wenig Fruchtsaft gemischt ergibt leckere Saftschorlen. Auch Kräuter- und Früchtetees, die selbst aus Teebeuteln oder losem Tee zubereitet werden und die sich kalt und warm trinken lassen, sind preiswert.

Und noch ein Wort zum Kaffee: An jeder Ecke gibt es heute Coffeeshops, in denen stylishe Kaffeegetränke gekauft werden können – meist für viel Geld. Oft zahlt man bereits für einen Becher Kaffee oder Cappuccino so viel wie für ein halbes Pfund Biokaffee. Viel Müll wird durch all diese To-go-Kaffees auch produziert. Die Deutsche Umwelthilfe errechnete, dass in Deutschland pro Stunde circa 320 000 Kaffeebecher nach einmaligem Gebrauch weggeworfen werden. Das bedeutet hochgerechnet 2,8 Milliarden Einwegbecher pro Jahr. Aufeinandergestapelt ergibt dies eine Strecke von 300 000 Kilometern, das entspricht drei Viertel der Strecke von der Erde bis zum Mond. Auch wenn inzwischen mehr Kaffee in mitgebrachten Mehrwegbechern verkauft wird, weil Coffeeshops dies nicht mehr verbieten dürfen: Es bleibt eine Menge Müll. Und viel zu teuer sind all die Kaffees to go mit inzwischen oft drei Euro je 200 Milliliter Kaffee auch.

UNVERPACKT EINKAUFEN ODER MEHRWEG WÄHLEN

Beim Einkauf sollte immer darauf geachtet werden, dass alle Lebensmittel möglichst wenig verpackt sind, um die Müllberge nicht weiter wachsen zu lassen. Am besten werden unverpackte Produkte gekauft, die in mitgebrachte Tüten und Beutel gefüllt werden. Das klappt gut bei Gemüse und Obst, Brot und Brötchen, die oft lose angeboten werden. Nicht so einfach ist dies hingegen bei Flocken, Nüssen und Hülsenfrüchten, es sei denn, man kauft in einem Unverpacktladen ein oder im (Bio-)Supermarkt mit entsprechenden Behältnissen zum Selbstabfüllen. Zurzeit sind unverpackte Lebensmittel allerdings deutlich teurer als verpackte, denn die verkauften Mengen sind viel geringer als die verpackter Produkte – und das macht sie teuer.

Getränke in Mehrwegflaschen und Joghurt, Hülsenfrüchte und Nüsse im Pfandglas sind eine weitere gute Möglichkeit, Verpackungen zu sparen, da sie bis zu 30-mal wieder befüllt werden können. Das klappt aber nur, wenn sie immer sauber gespült und heil in den Pfandautomaten gestellt werden. Auch Mehrwegprodukte im Glas, ob Joghurt, Milch oder Nüsse, sind zurzeit meist noch teurer als in Pappe und Plastik verpackte Lebensmittel. Doch werden Mehrwegverpackungen verstärkt nachgefragt, sinken die Preise. Bei Getränken überwiegt das Angebot in Pfandflaschen bereits.

WAS HEISST DAS UNTERM STRICH?

- Kochen Sie so oft wie möglich selbst. Schnappen Sie sich ein Kochbuch oder markieren Sie eine Website mit schnellen, einfachen Rezepten und legen Sie los.

- Ein paar vorgefertigte Produkte wie passierte Tomaten oder Hülsenfrüchte im Glas erleichtern das Kochen. Sie sind meist nicht viel teurer, als wenn sie selbst gemacht werden.

- Lassen Sie Kinder mitschnippeln. Wenn sie mithelfen dürfen, schmeckt es auch Quenglern meist gut. Ältere Kinder können zum Beispiel einen Tag in der Woche das Kochen selbstständig übernehmen.

- Auch für unterwegs, also ins Büro oder auf Reisen, lässt sich sehr gut etwas selbst Zubereitetes von zu Hause mitnehmen (siehe Kasten »Meal Prep«). So wird's billiger und es lässt sich viel Verpackungsmüll sparen.

MEAL PREP: AUCH UNTERWEGS UNABHÄNGIG SEIN VON TEUREM ESSEN

Das tägliche Mittagessen in der Kantine, der im Supermarkt gekaufte Fertigsalat oder die Käsesemmel vom Bäcker, all dies kann sich finanziell ganz schön summieren. Viel Geld lässt sich darum sparen, wenn selbst zubereitete Speisen ins Büro oder auf Reisen mitgenommen werden. Meal Prepping, also das Vorbereiten von Mahlzeiten, heißt das heute. Das bedeutet aber nicht, dass es immer nur »Stulle« oder ein belegtes Brötchen gibt. Auch Salate, Suppen, ein Stück selbst gebackene Pizza, gefüllte Teigtaschen, Pattys und ganze Burger sowie Kuchen wie Muffins, Sand- und Marmorkuchen oder Kekse eignen sich zum Mitnehmen. Dazu klein geschnippeltes Obst und Gemüse zum Knabbern plus ein Gemüsedip und etwas zu trinken – fertig ist das preiswerte und leckere Lunchpaket.

Das benötigt natürlich etwas Vorlauf. Wer morgens sehr früh startet, muss schon am Abend vorher alles vorbereiten. Damit nicht alles in Stress ausartet, kann von der warmen Abendmahlzeit etwas mehr zubereitet und eine Portion für den nächsten Tag eingepackt werden. Wer nicht zwei Tage nacheinander dasselbe essen möchte, kocht zwei verschiedene Mahlzeiten im Voraus und wechselt ab, was mitgenommen wird. Auch Gemüse und Obst können schon abends klein geschnitten und verpackt werden. Zwar verflüchtigen sich bis zum Essen einige empfindliche Vitamine, aber die meisten Vitamine, Mineralstoffe und Ballaststoffe stört das nicht, denn sie sind stabil.

Als Verpackungsmaterialien sind Alufolie oder Papier für Brot und Brötchen weniger geeignet, da sie anschließend im Müll landen. Für den Transport bieten sich wiederbefüllbare Dosen mit Deckel sowie Flaschen aus Metall, Glas oder Kunststoff an. Es gibt auch Thermobecher aus Metall, in denen Suppen oder Aufläufe stundenlang warm bleiben (zu Verpackungsmaterialien siehe auch Kapitel 5).

Biolebensmittel bevorzugen

Das Kochen mit Biolebensmitteln wirft bei vielen die Frage auf: Sind Bioprodukte nicht viel teurer? Das stimmt, wenn vor allem Fertigprodukte gekauft werden. Denn hier muss, wie bei allen Fertigprodukten, auch die Herstellung und eine oft aufwendige Verpackung mitbezahlt werden. Werden hingegen vor allem Basic-Lebensmittel verwendet, ist das Kochen mit Bioprodukten finanziell gut machbar, ja es kann sogar günstiger werden, als wenn konventionelle Lebensmittel verwendet werden. Denn die Preissteigerungen waren bei Bio-Basics wie

Milch, Karotten und Äpfeln in den vergangenen Jahren nicht so stark wie bei konventionellen Produkten (siehe Kapitel 2).

Doch Untersuchungen zeigen auch, dass mit der Zeit ganz anders eingekauft wird, wenn viele oder ausschließlich Bioprodukte im Einkaufswagen landen. Der Anteil an pflanzlichen Lebensmitteln steigt deutlich, der von tierischen Produkten sinkt – insbesondere der von Biofleisch, denn dies ist viel teurer als konventionelles. Eine italienische Studie ergab, dass sich sogar Studenten Biokost leisten können – also eine Gruppe von jungen Menschen, die eher wenig Geld zur Verfügung haben. Verglichen wurde eine übliche Mischkost mit Fleisch, Milch und Butter mit zwei Öko-Kostformen. Eine war in Bezug auf die Ernährung und Umwelt optimiert, also sehr gesund. Sie brachte auch nur eine ganz geringe Belastung in Bezug auf Kohlendioxid (CO_2), Wasserverbrauch und den gesamten ökologischen Fußabdruck mit sich. Die andere war »nur« ökologisch, es wurden also Biolebensmittel gekauft, aber keine Lebensmittel ausgeschlossen, die die Umwelt belasten. Ergebnis: Die optimierte, also besonders grüne, Biokost mit allem Öko-Drum-und-Dran, war mit 40,50 Euro pro Woche die preislich günstigste Ernährungsform, gefolgt von der Normalkost ohne Öko-Anspruch mit Kosten von 41,60 Euro je Woche. Die Mahlzeiten, die »nur« gesund und nachhaltig waren, schlugen mit 49 Euro pro Woche zu Buche.

Wie das? Bei beiden Öko-Kostformen erhöhte sich die Menge an Gemüse, Obst, Getreide, Hülsenfrüchten, Nüssen und Samen auf dem Teller – Fleisch, Fisch und Geflügel hingegen wurden zurückgefahren. In der optimalen Ökokost waren die Mengen an pflanzlichen Lebensmitteln aber nochmals höher als bei der Ernährung, die etwas weniger öko war. Schöner Nebeneffekt: Bei beiden Öko-Ernährungsweisen reduzierte sich der CO_2- und ökologische Fußabdruck. Außerdem nahmen die Student*innen mehr Kalorien auf als zuvor, davor aßen sie eher kalorienarm und unausgewogen. Das Öko-Essen war also gehaltvoller und die Studies wurden besser satt. Die Studie zeigt: Gesund und bio essen geht – auch mit kleinem Geldbeutel. Jedoch klappt das nur dann, wenn der Anteil tierischer Lebensmittel deutlich heruntergefahren wird.

Arm, aber bio

Wie Essen, bio und ein sehr kleines Budget zusammengehen, zeigte auch die Journalistin Rosa Wolff. Sie hatte ihren Job verloren, kaufte im Rahmen eines Testversuchs aber drei Monate lang gesunde und ökologische Lebensmittel, und zwar unter Einhaltung des geringen Hartz-4-Regelsatzes von damals 4,35 Euro pro Tag und Person (heute gibt es das Bürgergeld mit etwa 5,75 Euro pro Kopf und Tag). Was funktionierte – durch vorausschauende Planung, Einkaufen mit Plan und der Verwendung von Basic-Bio-Lebensmitteln, mit denen sie selbst kochte. Alles 100 Prozent bio! Ihre Erfahrungen beschreibt Rosa Wolff eindrücklich in ihrem Buch *Arm, aber Bio!*.

Bioprodukte sind oft günstiger als konventionell erzeugte Lebensmittel, aber nicht immer. Vor allem Fleisch aus Massentierhaltung, Eier aus Käfig- und Bodenhaltung und Milch aus Massenställen sind meist deutlich billiger. Doch das ist nur die halbe Wahrheit. Denn der Preis auf dem Etikett benennt nicht die wahren Kosten des Produktes. Es berücksichtigt nicht die Folgekosten beziehungsweise externen Kosten, die zum Beispiel die übermäßige Ausbringung von Gülle auf Feldern nach sich zieht. Das Wasser muss in der Kläranlage vom darin enthaltenen Nitrat oder von Antibiotika gereinigt werden, die über die Exkremente auf den Acker und schließlich ins Grundwasser gelangen. Auch das kostet Geld. Die Universität Augsburg berechnete, dass konventionelles Fleisch und konventionelle Eier rund 200 Prozent teurer sein müssten und Milch knapp 100 Prozent. Pflanzliche Lebensmittel, die die Umwelt durch giftige Pestizide und synthetische Düngemittel belasten, müssten etwa 30 Prozent teurer sein als bisher. Bei Bioprodukten wären die Preisaufschläge entsprechend moderater, da die Folgekosten geringer sind. Schließlich wird auf vorbeugende Antibiotikagaben im Stall verzichtet und Gülle wird in geringeren Mengen ausgebracht. Das ziehe keine oder geringere Kosten nach sich.

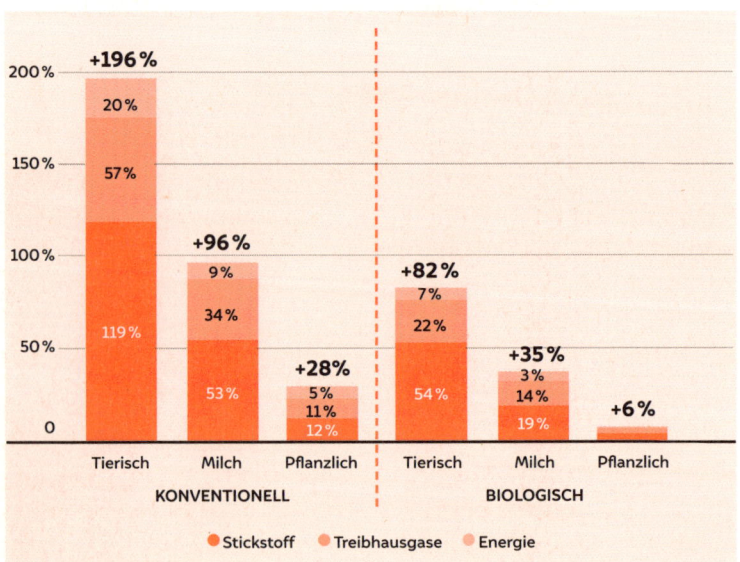

Konventionelle Produkte müssten teurer sein als bio

Die wahren Kosten der Lebensmittel, © *Universität Augsburg*

WAS HEISST DAS UNTERM STRICH?

- Bevorzugen Sie möglichst immer Bio-Basics, also unverarbeitete Lebensmittel. Sie sind nicht unbedingt teurer als konventionelle Markenprodukte. Teuer ist bio vor allem dann, wenn viele Fertigprodukte eingekauft werden.

- Erhöhen Sie den Anteil an pflanzlichen Lebensmitteln wie Gemüse, Obst, Vollkorn, Nüsse und Hülsenfrüchte auf dem Teller, reduzieren Sie »Tierisches«. So wird es einfacher, gut und günstig bio zu essen. Auch Lebensmittel wie Käse, Wurst und Fleisch sind in Bioqualität teuer.

BIO DRAUF, BIO DRIN?

Vielleicht haben Sie sich auch schon gefragt, ob eigentlich bio drin ist, wenn dies auf der Packung steht. Dies kann eindeutig mit Ja beantwortet werden. Seit 1991 gibt es die sogenannte EU-Öko-Verordnung (VO), die verbindliche Mindestkriterien für die Erzeugung von Biolebensmitteln festschreibt. Da sie schon etwas älter ist, wurde sie ein paarmal überarbeitet und aktualisiert. Die Vorgaben der EU-Öko-Verordnung beziehen sich auf den Anbau der Rohstoffe wie Getreide und Gemüse, die Verarbeitung und die Deklaration auf der Packung. Auch die Verwendung von Zusatzstoffen ist geregelt.

So muss der Anbau nach der EU-Öko-Verordnung kontrolliert biologisch sein, es dürfen also keinerlei giftige Pflanzenschutzmittel und synthetische Düngemittel eingesetzt werden. Zudem sind nur rund 50 der in der EU erlaubten über 300 Zusatzstoffe für die Verarbeitung der Bioprodukte gestattet. Und die Angabe »bio« oder »öko«

auf Lebensmitteln ist nur dann erlaubt, wenn die Produkte tatsächlich nach den Vorgaben der EU-Öko-Verordnung erzeugt werden. Das muss durch den Code einer Öko-Kontrollstelle auf der Packung bestätigt werden, die die Einhaltung der Vorgaben kontrolliert. Zudem muss auf verpackten Produkten das EU-Bio-Label zu sehen sein, eine stilisierte Ähre aus kleinen Sternen (siehe Kapitel 9). Darüber hinaus kann das staatliche (deutsche) Bio-Zeichen verwendet werden. Werden zudem die weiterreichenden Vorgaben der Anbauverbände wie Bioland, Demeter oder Naturland erfüllt, können auch diese Labels abgebildet werden. Bei Lebensmitteln, die mit dem EU-Bio-Logo und gegebenenfalls einem Bio-Verbandszeichen gekenn-zeichnet sind, handelt es sich also immer um kontrollierte Bioprodukte.

Dass bio drin ist, wo es draufsteht, zeigt auch das jähr-liche Ökomonitoring der Chemischen und Veterinärunter-suchungsämter Baden-Württemberg. Es untersucht regelmäßig pflanzliche Lebensmittel in Bezug auf Rück-stände von Pflanzenschutzmitteln. Hier werden, wenn überhaupt, nur Spuren von Spritzmitteln in Bio-Obst und -Gemüse gefunden. Auch die Analysen von ÖKO-TEST bestätigen, dass Biolebensmittel meist keine oder nur sehr geringe Rückstände etwa des umstrittenen Pflanzen-schutzmittels Glyphosat enthalten. Das zeigt, dass das Verbot des Einsatzes dieser Substanzen im Ökolandbau eingehalten wird. Zwar kommt es ab und zu vor, dass Produkte unerlaubterweise als bio ausgelobt werden. Doch das ist eher die Ausnahme als die Regel.

Einkaufen à la Saison

Pflanzliche Lebensmittel wie Gemüse und Obst, auch die mit Bio-Label, sind oft deutlich günstiger, wenn sie in der Saison eingekauft werden, also dann, wenn es eine Ernteschwemme gibt. Denn zu den Haupterntezeiten fällt sehr viel Grünzeug an, das an den Mann und an die Frau gebracht werden muss, da es sonst verderben würde. Das wirkt sich auf den Preis aus, er sinkt und es wird billiger.

Wer auf dem Wochenmarkt einkauft oder regelmäßig in einen Hofladen fährt, kann dies direkt beobachten: Alles, was gerade Saison hat, ist oftmals günstiger als Produkte, die im Laden zugekauft werden. Besonders billig wird der Einkauf, wenn gegen Samstagmittag, also gegen Ende des Wochenmarktes oder kurz vor der Schließung des Hofladens, eingekauft wird. Dann lassen sich zumindest bei leicht verderblichem Gemüse und Obst wie Salaten, Tomaten und Spinat, Kräutern sowie Beerenobst richtig gute Rabatte aushandeln, schließlich muss alles weg.

Was gerade Saison hat, bekommen Kund*innen in Supermärkten allerdings oft gar nicht unbedingt mit. Dort hat quasi jedes Gemüse und fast jede Obstart das ganze Jahr über Saison. Denn auch im Winter halten die Läden eine breite Auswahl bereit, ob Tomaten, Gurken, Blattsalate, Heidel- und Himbeeren. Sie werden oft aus fernen Ländern importiert, wo der Anbau in der Regel unter Glas oder Folie erfolgt. Früchte und Gemüse kommen also aus riesigen beheizten und rund um die Uhr beleuchteten Gewächshäusern. Das ist nicht nur wenig ökologisch, da dabei sehr viel Energie verbraucht wird. Das Freiburger Öko-Institut errechnete, dass der Energieverbrauch bei Treibhausgemüse 18- bis 33-mal höher liegt als bei Grünzeug aus dem Freilandanbau. Dies schlägt sich auf den Preis nieder und ist schließlich am Preisschild sichtbar. Darum sind Gemüse wie Gurken und Tomaten aus Gewächshäusern teils teuer. Anders als Karotten, Spinat oder Wirsingkohl aus heimischem Freilandanbau. Die Preise sind moderat, die Gemüse bestens für eine saisongerechte Ernährung geeignet.

Zudem ist der Anbau in fernen Ländern teils enorm umweltschädlich. So verschandeln etwa im südspanischen Huelva kilometerweit Folien die Landschaft, unter denen zum Beispiel Erdbeeren und Tomaten für unseren Konsum angebaut werden. Das sieht nicht nur unschön aus, es herrscht dort auch ein eklatanter Wassermangel. Da diese Region sehr trocken ist und Pflanzen durstig sind, werden sie intensiv aus Brunnen bewässert. Mit der Folge, dass die Pegel der Flüsse und Stauseen sinken – Wasser, das nicht nur dem wertvollen Nationalpark Coto de Doñana und seinen Feuchtgebieten nicht mehr zur Verfügung steht. Auch die Menschen sitzen auf dem Trockenen. Im spanischen Almería, einem weiteren sehr großen Anbaugebiet für Erdbeeren und diverse Gemüsearten, die es bei uns rund ums Jahr gibt, ist das Schlimmste schon eingetreten. »In Almería gibt es bereits kein funktionierendes Ökosystem mehr«, schreibt das ÖKO-TEST Magazin. Ähnlich sieht es in anderen Anbauländern wie Marokko und Ägypten aus. Die Landwirtschaft ist für 75 Prozent des Gesamtwasserverbrauchs verantwortlich.

Dass eine saisongerechte Auswahl der Lebensmittel zum Klimaschutz beiträgt, wissen 84 Prozent der Verbraucherinnen und Verbraucher, ergab eine Umfrage des Verbraucherzentrale Bundesverbands 2022 bei 1000 Frauen und Männern. Doch wie viele eine saisongerechte Ernährung praktizieren, ist unklar.

SCHMECKT BIO BESSER?

Biolebensmittel schmecken Konsument*innen oft besser als herkömmliche. Das ist ein Ergebnis der europäischen ECROPOLIS-Studie, an der Frauen und Männer aus sechs Ländern teilnahmen. Sie wollte unter anderem herausfinden, ob Biolebensmittel den Menschen besser munden. Dem ist so. Mehr als die Hälfte der Befragten nahm bei Bioprodukten einen besseren Geschmack wahr.

Auch die BIOSpitzenköche, ein Zusammenschluss von Bio-Köchinnen und -Köchen in Deutschland, meinen, dass Bio-Lebensmittel die bessere Wahl sind, und kochen ausschließlich damit. Doch Geschmack ist auch etwas sehr Subjektives. Es heißt ja auch: »Über Geschmack lässt sich streiten.« Die Prägung, also was wir von klein auf kennengelernt haben, spielt eine wichtige Rolle. Auch bei der Frage, ob uns bio schmeckt oder nicht.

Saisonkalender helfen

Um den Überblick zu behalten, was wann Saison hat, ist ein Saisonkalender hilfreich. Er zeigt Monat für Monat an, bei welchen Obst- und Gemüsearten es gerade eine Ernteschwemme gibt. Am besten wird der Kalender in die Küche gehängt, dann hat man ihn vor dem Einkauf immer parat. Doch aufgepasst: Manche Saisonkalender beziehen auch Grünzeug aus anderen Ländern mit ein, die dort Saison haben. Sie haben also weite Wege hinter sich. Nachhaltiger sind Saisonkalender, die das heimische saisonale Angebot abbilden. Und dies ist reichhaltiger, als man vielleicht meint. Essen à la Saison heißt also nicht, dass es im Winter nur Kraut (Kohl) und Rüben gibt – auch wenn sie eine wichtige Rolle spielen. Im Winter gibt es noch viel mehr, zum Beispiel Endivien- und

Feldsalat, Kürbisse, rote, gelbe und violette Karotten, Rosenkohl, Rote Bete und Wirsing. Außerdem Pilze und Sprossen,
und natürlich Äpfel, Birnen und Kartoffeln. Sie werden allerdings oft eingelagert, was einen gewissen Energieverbrauch
mit sich bringt. Doch die meisten saisonalen Produkte sind
ohne Energieverbrauch haltbar.

WAS HEISST DAS UNTERM STRICH?

- Grünzeug ist immer dann besonders günstig und lecker,
  wenn es Saison hat, also im Freiland angebaut wird.
  Kommt es aus der Region (siehe Kapitel 3), fallen weite
  Transportwege weg. Das ist gut.

- Im Frühjahr haben zum Beispiel Kräuter und Salate
  Saison, im Sommer Tomaten, Gurken und Paprika, im
  Herbst Kartoffeln, Äpfel, Trauben, Brokkoli sowie
  Blumenkohl und im Winter Rot-, Weiß- und Grünkohl
  sowie Karotten und Rote Bete. Saisonkalender helfen
  dabei herauszufinden, wann was gerade üppig zu
  haben ist.

- Zitrusfrüchte wie Orangen und Mandarinen können im
  Winter den Speisezettel ergänzen, da sie für einen
  schönen Vitaminschub sorgen. Wer sie kaufen möchte,
  sollte Zitrusfrüchte aus mediterranen Ländern wie
  Spanien, Italien und Griechenland bevorzugen.

- Gemüse und Obst aus Gewächshäusern oder Folien-
  tunneln sind hingegen nicht nachhaltig, denn sie
  benötigen sehr viel Wasser, das Menschen und Natur
  vor Ort nicht mehr zur Verfügung steht. Außerdem
  verschandeln die kilometerlangen Folientunnel die
  Landschaft.

Regional einkaufen

Hand in Hand mit dem Einkauf à la Saison geht oft auch der Erwerb regional erzeugter Produkte. Der Einkauf von Gemüse, Obst, Brot und Käse also, die kurze Wege hinter sich haben. 45 Prozent der Bürgerinnen und Bürger finden die regionale Vermarktung von Lebensmitteln sehr wichtig oder wichtig, ergab eine im Ernährungsreport 2022 veröffentlichte Umfrage des Bundesministeriums für Ernährung und Landwirtschaft (BMEL). Nach einer Studie von Consors Finanz schätzen sogar 92 Prozent der Konsument*innen regionale Produkte besonders.

Doch man muss ehrlicherweise sagen, dass unklar ist, ob die Produkte auch tatsächlich von fast jedem Zweiten oder sogar fast jeder gekauft werden. Denn nur knapp 60 Prozent sind bereit, dafür auch mehr Geld auszugeben. 75 Prozent der Bürgerinnen und Bürger finden regionale Produkte einfach zu teuer.

Da ist was dran. Kommen Erdbeeren aus Marokko oder Spanien, sind sie teils deutlich billiger als dieselben Früchte aus Deutschland oder vom Erdbeerbauern um die Ecke. Der Spargel aus dem Dorf oder vom Stadtrand Hamburgs oder Münchens kostet oft ein Drittel mehr als der aus Griechenland, Spanien oder Italien. Ein Grund sind die geringeren Löhne in anderen Ländern, die sich unter anderem auf den Preis niederschlagen. Trotzdem: Regional plus saisonal kann sich rechnen. Zumindest muss es nicht teurer sein, vor allem dann, wenn es Obst und Gemüse gerade reichlich gibt, da sie Saison haben.

Was heißt regional?

Wenn empfohlen wird, regional einzukaufen, denkt man vielleicht zunächst an Gemüse, Obst und Kartoffeln aus der näheren Umgebung. Doch auch Milch und Käse, Fleisch, Wurst,

Marmelade sowie Pflanzendrinks aus Hafer oder Soja gibt es aus regionaler Erzeugung. Außerdem Kräutertee, Mineralwasser, Wein und Bier und zunehmend auch Gin.

»Ein regionales Produkt sollte ›aus der Region für die Region‹ sein. Dann wird es innerhalb einer abgegrenzten Region erzeugt, verarbeitet und vermarktet«, schreiben die Verbraucherzentralen Bremen und Nordrhein-Westfalen. Doch der Begriff »regional« oder »Region« ist nicht geschützt. Es gibt also keine verbindlichen Vorgaben, wie weit die Entfernung etwa vom Erzeuger zum Supermarkt sein muss, damit sich ein Produkt »regional« nennen kann. »In der Werbung sind die Begriffe ›regional‹ und ›Region‹ oft wenig nachvollziehbar«, so die Verbraucherzentralen. Auch Bezeichnungen wie »von hier« oder »Heimat« sollen vermeintlich auf eine regionale Herkunft verweisen. Da gibt es zum Beispiel »regionalen« Kaffee, da er in der Nähe des Ladens, in dem er verkauft wird, geröstet wird. Die Kaffeebohnen kommen aber von weit her. Auch Karotten werden teils als Heimatprodukt bezeichnet, aber 500 Kilometer weit entfernt vom Supermarkt angebaut, erklären die Verbraucherzentralen. Fazit eines Checks Regio-Lebensmittel: »Viele so beworbene Lebensmittel sind alles andere als regional, sondern legen teilweise erhebliche Entfernungen zurück.«

Der Ort, an dem die Konsument*innen wohnen und einkaufen, spielt also eine wichtige Rolle bei der Definition des regionalen Bezugs. Linsen etwa werden wieder auf der Alb kultiviert, dort wächst die sogenannte Alb-Leisa. Aus Sicht einer Hamburgerin sind sie nicht regional, für die Bewohner aus der Umgebung schon. Jedoch werden Linsen nicht in Norddeutschland angebaut, sodass die Alb-Leisa schon näher am Norden dran sind als importierte Linsen. Je nach Sorte kommen sie aus der Türkei, Kanada oder Indien, werden aber auch aus Spanien und Nordamerika eingeführt.

Bei verarbeiteten Produkten wie Wurst, Nudeln oder Käse ist der Begriff »regional« noch verwirrender. Denn es handelt sich um zusammengesetzte Lebensmittel mit mehreren Zutaten. Nirgends ist festgelegt, dass die Hauptrohstoffe und die weiteren Zutaten wie etwa Gewürze regional sein müssen. Es gibt zum Beispiel kleine Nudelhersteller, die hofeigene Eier verwenden. Das Mehl, der Hartweizen also, kommt aber aus Italien. Beworben werden sie mit der regionalen Herstellung, was auch korrekt ist. Doch meist assoziiert man beim Einkauf, dass auch alle Zutaten aus der Region sind. Auch der Zucker für die regionale Erdbeer- oder Himbeermarmelade, die es manchmal am Wegesrand auf der Fahrradtour zu kaufen gibt, kommt nicht unbedingt aus Deutschland. Rohrzucker wird primär aus Brasilien und Indien importiert, Rübenzucker kommt zwar auch aus Deutschland, oft aber auch aus Frankreich.

Jeder Laden oder Anbieter kann also Lebensmittel mit dem Hinweis »regional« bewerben und anbieten, ohne dass die Richtigkeit wirklich nachvollziehbar ist. In Supermärkten finden sich darum immer wieder Lebensmittel mit dem Hinweis »aus unserer Region«. Manchmal hat aber nur das Unternehmen, das zum Beispiel die Tütensuppen und Gemüsebrühe herstellt, seinen Firmensitz in der Nähe des Supermarkts. Die Rohstoffe für die Produkte kommen aus aller Welt. Am Regal steht trotzdem »aus unserer Region«.

Regional kann sich auch auf das Bundesland beziehen oder es wird einfach mit »Made in Germany« gleichgesetzt. Doch manche regionale Anbieter haben eigene strenge Regio-Kriterien entwickelt. Mit »regional« beworbene Produkte dürfen nur aus einem Umkreis von 50 oder 150 Kilometern um den Supermarkt oder Bioladen bezogen werden. Es macht also Sinn, immer nachzuhaken, was genau an dem Produkt »regional« ist: die Rohstoffe, die Verarbeitung und/oder die Vermarktung?

Eine gewisse Orientierung gibt das sogenannte Regionalfenster, das vom BMEL gemeinsam mit Vertretern der Wirtschaft initiiert wurde. Es macht transparent, was bei einzelnen Lebensmitteln mit »Region« gemeint ist (siehe Abbildung). Auf dem Label wird angegeben, woher die Hauptzutaten kommen, wo sie verarbeitet werden und wie hoch der Anteil regionaler Rohstoffe ist. Doch Lebensmittel mit Regionalfenster können bundesweit verkauft werden. Aus diesem Grund sind damit ausgezeichnete Produkte oft nicht mehr regional.

Regional erzeugt, aber auch überregional vermarktet

Quelle: Regionalfenster-Service

Das Regionalfenster ist hierzulande das wohlbekannte Regional-Label. Man findet es auf rund 400 Produkten. Damit ausgezeichnete Lebensmittel enthalten zwar regionale Rohstoffe und werden in der Nähe des Erzeugers oder Anbieters verarbeitet, jedoch auch bundesweit vermarktet.

Gute regionale Produkte

Idealerweise kommen regionale Lebensmittel vom Hof um die Ecke. Doch wer in der Stadt wohnt, hat keinen Bauernhof vor der Tür. Für Städter sind darum Wochenmärkte mit regionalen Produkten ideal. Äpfel, Fleisch, Eier und Käse kommen dann oft tatsächlich aus der näheren Umgebung. Aber auch hier muss man aufpassen: Auf Wochenmärkten wird auch viel exotisches Gemüse und Obst angeboten. Am besten also nachfragen, woher das jeweilige Produkt kommt.

Wer in der Stadt lebt, kann auch in Supermärkten nachforschen, ob es ein Regio-Angebot gibt. Die Lebensmittel werden entsprechend beworben. Ob das Produkt wirklich aus der Region kommt, lässt sich anhand des Etiketts oder eines Hinweises an der Kiste, in der Äpfel und Gurken liegen, nachvollziehen. »Abgepackt in xxx« heißt allerdings nicht, dass der Salat aus der Nähe kommt. Dabei kann es sich auch um einen Händler für Gemüse, Obst und Kartoffeln handeln.

Auch wenn nicht immer klar ist, was »regional« im Einzelfall heißt: Es macht Sinn. Denn Regio-Produkte sind teils günstiger als Lebensmittel aus aller Welt. Sie haben auch eine bessere Klimabilanz. So haben importierte Erdbeeren, die im Winter nach Deutschland transportiert werden, einen mehr als zehnmal so großen CO_2-Fußabdruck wie regional angebaute Erdbeeren im Sommer. Durch die Nachfrage regionaler Produkte werden auch lokale Wirtschaftskreisläufe und damit die Stabilität der regionalen Versorgung gestärkt. Werden die Produkte kleiner Molkereien, Mühlen, Metzgereien, Getreide- und Ölmühlen genutzt, können diese erhalten werden und regionale Arbeitsplätze sind gesichert.

Frisch geerntete Produkte mit kurzen Wegen bestechen aber auch durch besondere Frische und einen tollen Geschmack. Nicht zuletzt lässt sich durch den Bezug regionaler Lebensmittel das Vertrauen in die Herkunft unseres Essens stärken – indem Kund*innen und Erzeuger*innen auf dem Wochenmarkt oder im Hofladen ins Gespräch kommen und sich bei einem Ausflug alles angucken lässt.

SUPERFOOD OFT SUPERTEUER

Oft wird die Vielfalt des weltweiten Lebensmittelangebots gelobt und es wird suggeriert, dass diese Vielfalt für die Nährstoffversorgung unerlässlich sei. Und sie ist ja auch beeindruckend. Heute wird praktisch aus allen Ländern der Welt Exotisches importiert, von trendigen südamerikanischen Chiasamen über japanisches Kimchi bis hin zur US-amerikanischen Cupcake-Backmischung. Seit einigen Jahren sind vor allem Superfoods Trend. Ob Chiasamen, Goji- und Açaíbeeren, Agavendicksaft oder Moringapulver, all diese Super-Lebensmittel sind angesagt. Doch nötig sind sie nicht, um sich gesund zu ernähren, auch wenn dies in der Werbung suggeriert wird. Denn in der Regel gibt es heimische, oft regionale, viel günstigere Pendants. So sind Leinsamen ebenso reich an Omega-3-Fettsäuren und Ballaststoffen wie die hippen Chiasamen. Dasselbe gilt für Walnüsse, die ebenfalls herzgesunde Omega-3-Fettsäuren liefern. Schwarze Johannisbeeren und Sanddorn, Himbeeren und Blaubeeren sind in Sachen Vitamin C und Antioxidantien eine prima Alternative zu Goji- und Açaíbeeren. Und Brennnessel- oder Spinatpulver können das in den Tropen und Subtropen angebaute Moringa ersetzen.

WAS HEISST DAS UNTERM STRICH?

- Regionale Lebensmittel sind nicht automatisch ökologisch und gesund. Gemüse, Obst und Haferflocken können aus konventioneller Erzeugung kommen und Rückstände von Pflanzenschutzmitteln enthalten, die bei Biolebensmitteln verboten sind. Hühner, Schweine und Rinder für die regionale Wurst können aus Massentierhaltung stammen. Es macht also Sinn, nachzufragen, wie geackert wird und Tiere für regionale Lebensmittel gehalten werden. Das ist zumindest beim Einkauf auf dem Wochenmarkt oder im Hofladen möglich.

- Fade importierte Tomaten und Gurken aus Gewächshäusern müssen nicht sein. Es gibt auch im Winter viele leckere Lebensmittel aus der Region aus Freilandanbau. Dazu zählen Kohlarten wie Rot-, Weiß- und Wirsingkohl, Endivien- und Feldsalat, Karotten, Rote Bete und Pastinaken. Auch Sprossen von der eigenen Fensterbank sind sehr regional.

- Heimische Obstarten sind im Winter Äpfel, Birnen und Quitten.

- Hülsenfrüchte aus der Region oder zumindest aus Deutschland sind Linsen wie die Alb-Leisa, Sojabohnen und Kichererbsen. Nüsse gibt es oft »wild« aus dem näheren Umkreis, etwa Hasel- und Walnüsse. Unter www.mundraub.org gibt es eine virtuelle Karte, die zeigt, wo sich solche Schätze selbst sammeln lassen.

- Auch Lebensmittel wie Hafer, Weizen und Kartoffeln kommen oft aus Deutschland und immer öfter aus der Region.

- Zu den eiweißreichen regionalen Produkten, die eine gute Alternative zu Milchprodukten und Fleisch sind, zählen Pflanzendrinks aus Hafer, Soja, Dinkel und Buchweizen und die daraus hergestellten Joghurt- und Quarkalternativen.

- Unter den vielen Mineralwässern finden sich immer einige aus der Region. Ebenso bei Säften und Kräutertees.

- Angeboten werden Regio-Lebensmittel insbesondere auf Wochen- und Bauernmärkten, in Hofläden und bei Solawi-Betrieben. Die Abkürzung steht für Solidarische Landwirtschaft. Kunden zahlen hier einen gewissen Betrag und erhalten dafür rund ums Jahr regionale Produkte »ihrer« Solawi. Zwar ist das meist recht teuer, aber man erhält wirklich tolles aromatisches regionales Gemüse und Obst und gegebenenfalls Milchprodukte und Fleisch.

- Bei den meisten Produkten aus dem Supermarkt wird die Herkunft des Lebensmittels nicht auf der Verpackung deklariert. Nur bei Gemüse und Obst steht dies auf einem Infoschild in der Gemüseabteilung oder auf der Verpackung. Nur bei ungeschälten Hasel- und Walnüssen sowie Mandeln muss die Herkunft auf der Packung stehen, bei anderen leider nicht.

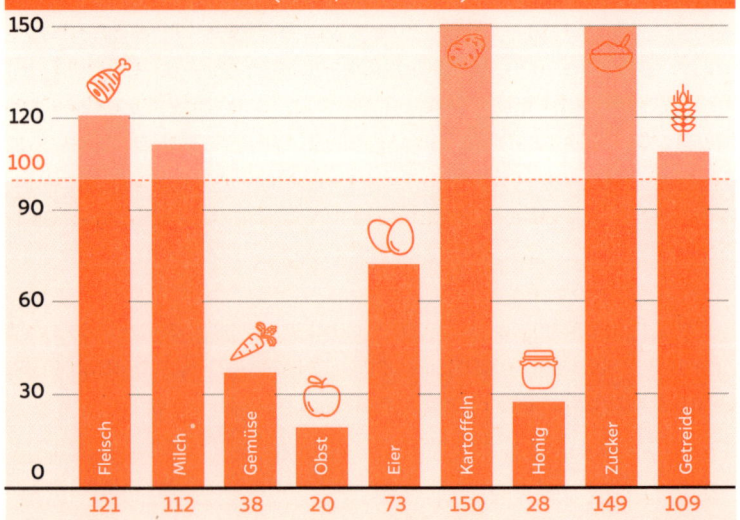

Der Selbstversorgungsgrad in Deutschland
(2021, in Prozent)

Fleisch	Milch	Gemüse	Obst	Eier	Kartoffeln	Honig	Zucker	Getreide
121	112	38	20	73	150	28	149	109

Quelle: Bundesanstalt für Landwirtschaft und Ernährung (BLE) 2023

Retten und sparen

Lebensmittelhändler Guido Gartmann, Inhaber von 14 Supermärkten im Raum Osnabrück, hatte mit seiner Tochter eine sehr schöne Idee. Die beiden entwarfen eine »goldene Tonne«, aus der sich Kunden (nach dem Bezahlen an der Kasse) kostenlos mit Lebensmitteln eindecken können. Es handelt sich um Produkte, die nicht mehr verkauft werden und darum gerettet werden sollen. So möchten die beiden ein Zeichen gegen Lebensmittelverschwendung setzen. Immerhin 18 Millionen Tonnen Lebensmittel werden in Deutschland im Jahr weggeworfen. Das sei eine Lkw-Ladung pro Minute, schreibt der Lebensmittelretter Sirplus. Pro Person sind es 78 Kilo. Eindeutig zu viel!

Doch um der Verschwendung entgegenzuwirken, entstanden in den vergangenen Jahren zahlreiche Portale und Apps, mit deren Hilfe Lebensmittel gerettet werden können – für kleines Geld. Gemeinsam ist allen Projekten, dass die Lebensmittel zu gut für die Tonne sind, aber auch nicht mehr verkauft werden können. Oft handelt es sich um verpackte Produkte nahe dem Mindesthaltbarkeitsdatum oder um Gemüse und Obst, die nicht mehr ganz so knackig sind. Auch Brot wird in der Regel nur einen Tag lang verkauft. Fertige Speisen wie Salate, Aufläufe und Pizza aus Restaurants lassen sich zudem retten.

Auch wenn sich die Angebote unterscheiden, gemeinsam ist ihnen: Diese Lebensmittel kosten meist deutlich weniger, als wenn sie regulär erworben werden.

Etepetete

Das Unternehmen aus München bietet vor allem Biogemüse und Öko-Obst mit kleinen Schönheitsfehlern an. Grünzeug muss an sich bestimmten Normen entsprechen, also eine vorgegebene Größe, Form, Farbe und ein definiertes Aussehen haben, um über den Einzelhandel verkauft zu werden. Darum werden fehlerhaftes Gemüse und Obst schon auf dem Acker aussortiert und leider auch vernichtet. Manchmal ist der Inhalt aber auch in Ordnung, nur die Tüte oder Packung wurde vom Produzenten falsch beschriftet. Auch das ist ein Fall für Etepetete. Die Münchner kaufen also alles auf, was aus optischen oder formalistischen Gründen nicht im Biomarkt verkauft werden kann. Angeboten werden zehn Boxen in verschiedenen Größen mit Gemüse und Obst, wie dies auch bei regulären Gemüseabos gemacht wird. Die Boxen werden nach Hause geliefert.

https://etepetete-bio.de

Foodsharing

Wer Mitglied bei Foodsharing ist, kann sich mit anderen zum Lebensmitteltausch treffen oder Lebensmittel aus einem der »Fairteiler« abholen – kostenlos. Dort finden sich sowohl gekühlte Lebensmittel wie Milch und Joghurt, Wurst und Käse, Gemüse und Obst als auch Nudeln, Reis und Tomatensauce. Alle Lebensmittel sind Spenden, entweder von Firmen oder von Privatleuten, bei denen etwas übrig geblieben ist. 200 000 Nutzer*innen gibt es in Europa. Über eine interaktive Karte lässt sich herausfinden, welcher Fairteiler sich in der Nähe des eigenen Wohnortes befindet. Das System lebt vom Geben und Nehmen. Es gehört also dazu, nicht nur Essen einzusammeln, sondern auch selbst etwas in die Schränke zu stellen. Alle Packungen müssen ungeöffnet sein.

https://foodsharing.de

Nebenan.de

Auch bei der Nachbarschaftsplattform nebenan.de gibt es Rettergruppen, Menschen also, die sich übrig gebliebene Lebensmittel zukommen lassen. Hier ist alles möglich, vom Liter Vollmilch über Wurst kurz vor Ablauf des Mindesthaltbarkeitsdatums bis hin zur Kirsch- oder Walnussernte aus dem eigenen Garten. Sofern es keine Rettergruppe in der näheren Umgebung gibt, lässt sich selbst eine gründen.

https://nebenan.de

Mundraub

Die interaktive Plattform zeigt, dass es in öffentlichen Räumen sehr viel Obst, Gemüse und Nüsse gibt, die niemand erntet. Nicht selten fällt das Grünzeug auf den Boden und verdirbt. Dem möchte Mundraub entgegenwirken. Ob Pflaumen, Äpfel und Birnen, Walnüsse, Bärlauch oder Kastanien, via Mundraub wird jeder fündig. Einfach Postleitzahl eingeben und auf einer virtuellen Karte die Fundorte in der Nähe des Wohnortes ausfindig machen. Natürlich darf nicht in Naturschutzgebieten geerntet werden. Auch ist das Pflücken nur in kleinen Mengen erlaubt. Aber es ist genug für alle da! Wer beim Ernten zufällig auf einen Baum mit Obst stößt, der noch nicht bei Mundraub hinterlegt ist, kann ihn selbst bei Mundraub einstellen. Somit lebt auch diese Lebensmittelrettung vom Geben und Nehmen.

https://mundraub.org

Pennys Bio-Helden

Der Discounter Penny bietet seit einigen Jahren Gemüse und Obst mit kleinen Schönheitsfehlern zum leicht reduzierten Preis an, die Bio-Helden. »Wir unterstützen unsere Landwirt*innen, indem wir auch Obst und Gemüse abnehmen, das nicht ganz der Norm entspricht. So werden weniger Lebensmittel weggeworfen und die Produkte mehr wertgeschätzt«, heißt es von Penny.

https://penny.de/clever-kochen/eigenmarken/naturgut

Rettertüten

Supermärkte, Discounter und Bäckereien bieten Tüten mit Gemüse, Obst oder Brot und Backwaren an, die noch gut sind, aber am nächsten Tag nicht mehr zum vollen Preis verkauft werden können. Für rund vier Euro gibt es eine Tüte randvoll mit zum Beispiel Kartoffeln, Blumenkohl, Karotten, Radieschen und Äpfeln oder Brot, Brötchen und Kuchen. Die Tüten werden entweder in der Gemüseabteilung oder an der Kasse angeboten. Bezahlt werden sie wie der übrige Einkauf an der Kasse. Der Wert der Tüten liegt weit über dem Preis, der normalerweise für die einzelnen Lebensmittel bezahlt werden muss.

Sirplus

Sirplus rettet nicht nur in Supermärkten Lebensmittel, sondern auch bei Herstellern, Landwirten und Großhändlern. Sie nehmen nach eigenen Angaben weder den Tafeln (siehe Seite 95) noch Foodsharing etwas weg, sondern holen dort Lebensmittel ab, wo die Tafeln oder Foodsharing nicht aktiv sind beziehungsweise schon Lebensmittel abgeholt haben. Das Berliner Start-up arbeitet mit rund 700 Partnern zusammen. Von Sirplus werden die Lebensmittel zu einem geringen Preis erworben und dann über einen Onlineshop verkauft. Dort gibt es einzelne Lebensmittel, aber auch Kochboxen, die im Abo erworben werden können. Preislich ist alles etwas günstiger, als wenn man es im Supermarkt einkaufen würde. Schwerpunkt von Sirplus ist jedoch nicht, Lebensmittel besonders billig anzubieten, sondern möglichst viele Lebensmittel zu retten und so einen Beitrag gegen Lebensmittelverschwendung zu leisten.

https://sirplus.de

Tafeln

Bei den Tafeln können Menschen mit wenig Geld einmal wöchentlich eine Tüte mit Lebensmitteln abholen. Die Produkte sind allesamt Spenden von Supermärkten und Discountern, die übrig gebliebene Lebensmittel von Brot über Obst und Gemüse bis hin zu Blumen abgeben. Jede Tafel in Deutschland ist etwas anders organisiert. Darum ist es sinnvoll, sich mit den Mitarbeiter*innen vor Ort zu treffen und nachzufragen, wie die Lebensmittelausgabe abläuft. Auf der Website gibt es eine Suche, mit deren Hilfe sich eine der 960 Tafeln in Deutschland in der Nähe des Wohnortes finden lässt.

https://tafel.de

Too Good To Go

Dies ist die wohl bekannteste Initiative, die sich zum Ziel gesetzt hat, täglich möglichst viele Lebensmittel vor der Mülltonne zu retten. Supermärkte, Bäckereien, Tankstellen mit Lebensmittelangebot, Restaurants, Bistros, Imbisse und Hotels haben sich Too Good To Go angeschlossen. Knapp 23 000 Betriebe sind es hierzulande, mehr als elf Millionen Kund*innen nutzen dies. Die Partner*innen stellen täglich leckeres Essen in einer Too-Good-To-Go-Überraschungstüte zusammen, für die Abholer*innen nur etwa ein Drittel des Originalpreises zahlen. Eine Tüte mit zum Beispiel zwei Broten, mehreren Brötchen und einem Stück Kuchen kostet rund vier Euro, der eigentliche Wert beträgt zwölf Euro. So lässt sich echtes Geld sparen.

https://toogoodtogo.com

Gemeinsam einkaufen und sparen

Eine weitere Möglichkeit, Biolebensmittel und -getränke günstig einzukaufen, ist die Mitgliedschaft in einer sogenannten Food-Kooperative, kurz Foodcoop. Hier bestellen alle Mitglieder gemeinsam Lebensmittel. Diese werden entweder beim (Bio-)Großhandel eingekauft, direkt von Landwirten aus der Umgebung bezogen – oder beides. So wird der Fachhandel umgangen und die damit verbundenen Preisaufschläge entfallen. Bis zu 50 Prozent günstiger ist der Einkauf über eine Foodcoop. Allerdings ist meist auch noch ein Mitgliedsbeitrag fällig, der auf den Einkauf umgerechnet werden muss.

Die rund 3000 Foodcoops in Deutschland verkaufen meist Bioprodukte möglichst aus regionaler Erzeugung, also Gemüse, Obst, Getreide, Milchprodukte, Fleisch- und Wurstwaren. Denn auch darum geht es: Menschen, die in Großstädten wohnen, den unkomplizierten Zugang zu günstigen Lebensmitteln vom Land zu ermöglichen. Doch das Sortiment umfasst oft auch »Hardware«, also Müsli, Mehl, Schokolade, Tee und Kaffee. So wird der Einkauf komplett.

Um die günstigen Preise zu realisieren, ist manchmal die Mitarbeit in der Foodcoop nötig. Schließlich muss auch jemand die Bestellungen machen, die Abholung vorbereiten und den Raum, in dem alles abgewickelt wird, putzen. Diese Mitarbeit hält sich zeitlich aber in Grenzen. Einige wenige Stunden sind es pro Person im Monat.

Alle Foodcoops haben dasselbe Ziel: Sie wollen gute regionale Biolebensmittel günstig anbieten. Doch alle arbeiten etwas anders. Es gibt Bestell-Foodcoops, Lager-Foodcoops und Foodcoops mit einem Mitgliederladen.

Bestell-Foodcoops sind die einfachste und älteste Form. Die Mitglieder geben ihre Bestellung wie Gemüse, Obst, Mehl, Müsli und Getreidekörner auf, es werden passende Gebindegrößen ausgewählt und die Bestellung seitens der Foodcoop an den Großhändler geschickt. Ist die Ware da, wird sie zu einem festen Termin in einem Raum der Foodcoop ausgegeben, der einmal wöchentlich angemietet wird. Der Einkauf ist also günstig, weil keine Dauermiete anfällt. Bestell-Foodcoops gibt es von ganz klein bis ganz groß.

Eine große Bestell-Foodcoop ist SuperCoop mit Niederlassungen in New York, Brüssel, München, Berlin und Hamburg. Vor allem die Park Slope Food Coop in New York wird immer wieder als Erfolgsmodell genannt. Hier gibt es inzwischen rund 17 000 aktive Mitglieder. Der Umsatz je Quadratmeter soll zehnmal höher sein als in einem »normalen« Supermarkt.

Lager-Foodcoops mieten hingegen gemeinsam einen Raum oder Laden, in dem die Lebensmittel verteilt oder verkauft werden. Die Mitglieder können jederzeit einkaufen gehen, da sie keine Bestellung im Vorfeld aufgeben müssen, zudem hat jedes Mitglied einen Schlüssel zu dem Raum. Dadurch ist das Ganze flexibler als bei einer Bestell-Foodcoop, aber es ist wegen der Ladenmiete mit etwas höheren Kosten verbunden.

In **Foodcoops mit einem Mitgliederladen** wird wie in einem herkömmlichen Geschäft eingekauft, doch das Angebot ist günstiger. Da jedoch die Ladenmiete und teils auch Kosten für Angestellte anfallen, ist der finanzielle Vorteil nicht so groß wie bei einer Bestell-Foodcoop. Foodcoops mit Mitgliederladen sind deutlich komfortabler als Bestell-Foodcoops. Inzwischen gibt es hier große Foodcoops wie die LPG-Biomärkte in Berlin und die Verbrauchergemeinschaft Dresden – Letztere mit rund 10 000 Mitgliedern. Vom Sortiment her sind sie fast schon »normale« Biosupermärkte, in denen Mitglieder alles erhalten, aber vergünstigt einkaufen. Auch Nichtmitglieder sind willkommen, zahlen aber einen höheren Preis als die Mitglieder der Genossenschaft.

https://lebensmittelkooperativen.de.fcoop.org/

Crowdbutching: gemeinsam eine Kuh kaufen

Nichts für Vegetarier, aber für alle, die ab und zu sehr gutes Fleisch essen wollen und dabei auch die Kosten im Blick haben, ist das Crowdbutching. Das Wort leitet sich vom englischen Crowdfunding ab, der Beteiligung an einem Projekt oder Unternehmen also, und Butching, englisch für »Schlachtung«. Wer hier mitmacht, beteiligt sich an der Nutzung einer Kuh, eines Schweins, eines Huhns oder sogar eines Wasserbüffels. Für einen bestimmten Betrag erhalten die Nutzer*innen ein Paket Fleisch, das sowohl die Edelteile wie Filet und Steak, aber auch Hack, Füße, Ohren und Knochen enthält.

Das Tier wird erst dann geschlachtet, wenn es komplett verkauft ist. Über den Stand der Dinge werden die Teilnehmer*innen regelmäßig informiert. Schöner Nebeneffekt: Das ganze Tier wird verwertet. So wird Lebensmittelverschwendung entgegengewirkt.

Angeboten wird das Crowdbutching meist über eine Website. Der landwirtschaftliche Betrieb stellt sich und seinen Hof also vor, zeigt, wie er arbeitet und ob die Tiere im Stall leben oder auf der grünen Wiese. Und auch das Tier, das geschlachtet werden soll, wird oft mit Bild gezeigt, Ohrmarke zur Identifizierung inklusive. Wer kein No-Name-Fleisch essen möchte, ist hier richtig.

Nicht immer ist das Fleisch bio, aber es lässt sich nachfragen, wie die Tiere gehalten, gefüttert und medizinisch versorgt werden. Da der Zwischenhandel entfällt, sind die Preise tendenziell etwas günstiger als beim Metzger. Jedoch lohnt es sich, die verschiedenen Angebote zu vergleichen. In jedem Fall wird Preisdumping, also Schnitzel für 3,99 Euro das Kilo, nicht unterstützt.

WAS HEISST DAS UNTERM STRICH?

- Es gibt viele Möglichkeiten, hochwertige Lebensmittel günstig zu erwerben, ob per Rettertüte, Foodsharing-App oder in Form von Gemüse und Obst mit kleinen Schönheitsfehlern, die im Abo erworben werden.

- Genauere Infos zu den jeweiligen Angeboten finden sich in der Regel auf den Websites der Anbieter. Oder es gibt eine App, die Schritt für Schritt durch den Prozess der Anmeldung und Nutzung führt.

- Onlineangebote und Apps haben den Vorteil, dass auch abends, also nach Ladenschluss, Lebensmittel gerettet werden können. Im Idealfall können sie schon am nächsten Tag abgeholt werden.

KAPITEL 4

Aus dem Vorrat schöpfen

Warum ein gut gefüllter Vorratsschrank beim Sparen hilft, was alles hineingehört und welche Verpackungsmaterialien für die Aufbewahrung am besten geeignet sind.

Spontan einkaufen zu gehen, kann teuer werden. Denn dann wird schnell mal zu viel und auch zu teuer eingekauft. Ist der Vorrat hingegen gut bestückt, gerät man nicht in die Verlegenheit, auf die Schnelle einkaufen gehen zu müssen. Doch auch im Kühlschrank sollte möglichst nie Flaute herrschen. So lässt sich immer auch spontan etwas Gutes kochen.

Allerdings: Überquellen sollte der Vorrat nicht. Sonst geht mit der Zeit der Überblick verloren, was alles darin steht. Zwar verderben haltbare Lebensmittel wie Nudeln, Reis und Tomaten im Glas nicht so schnell, stapeln sollten sie sich im Vorratsschrank jedoch nicht. Das Risiko, dass sich dort irgendwann zu viele Produkte mit abgelaufenem Mindesthaltbarkeitsdatum tummeln, wächst mit der Menge. Zudem besteht das Risiko, dass sich Lebensmittelschädlinge über die Produkte hermachen (siehe Seite 113 f.). Es kommt also darauf an, das rechte Maß zu finden.

Hilfe aus dem Katastrophenschutz

Wer nicht so genau abschätzen kann, wovon wie viel im Vorrat stehen sollte, kann sich an den Empfehlungen für den Ernstfall orientieren. Das klingt vielleicht überraschend. Doch die Empfehlungen des Bundesministeriums für Ernährung und Landwirtschaft für den Katastrophenfall sind zumindest zur Orientierung hilfreich. In einer Liste wird aufgeführt, wie viele Lebensmittel zum Beispiel Vegetarier benötigen, um zehn Tage genug Essen im Haus zu haben. Da angenommen wird,

dass in der Zeit nichts Frisches eingekauft werden kann, die-
nen die Angaben allerdings nur zur Orientierung. Schließlich
muss niemand Karotten aus dem Glas oder Tütenbrot essen,
wenn es sie überall zu kaufen gibt.

Den Vorrat kalkulieren

www.ernaehrungsvorsorge.de/private-vorsorge/
notvorrat/vorratskalkulator/

Mit dem Vorratskalkulator lässt sich für bis zu zehn
Personen berechnen, welche Lebensmittel in welcher
Menge im Vorrat stehen sollten. Der Zeitraum kann
zwischen einem und 28 Tagen gewählt werden. Auch hier
wird davon ausgegangen, dass nichts Frisches dazu
eingekauft wird.

Quelle: Bundesanstalt für Landwirtschaft und Ernährung
(BLE) 2022

WAS HEISST DAS UNTERM STRICH?

- Halten Sie den Vorrat immer gut bestückt. Verhindern
  Sie aber, dass sich dort gleiche oder ähnliche Lebensmittel stapeln.
- Vorratstabellen und/oder ein Vorratskalkulator
  helfen dabei, die benötigten Mengen für den Vorrat
  zu berechnen.

Was alles in den Vorratsschrank gehört

Was sollte im Vorratsschrank stehen und kann das tägliche Kochen erleichtern? Empfehlenswert sind natürlich vor allem Lebensmittel mit einer langen Haltbarkeit. Aber auch einige frische Produkte, die nicht so schnell verderben, gehören hinein.

Getreideprodukte

In den Vorrat gehören: Nudeln, Reis, Mehl und Grieß aus Vollkorn, Couscous, Bulgur, Pseudogetreide wie Amaranth, Buchweizen oder Quinoa. Außerdem Flocken aus Dinkel, Buchweizen oder Hafer, Knäckebrot, Zwieback.

Hülsenfrüchte

In den Vorrat gehören: Getrocknete Kichererbsen, Linsen (zum Beispiel rote, braune und schwarze Linsen), Erbsen, Soja- oder Mungobohnen. Praktisch sind vor allem rote Linsen, da sie in wenigen Minuten gar sind.

Konserven

In den Vorrat gehören: Mais, Sauerkraut, Rotkohl, saure Gurken, Rote Bete, Oliven, Kapern, passierte Tomaten und Tomaten in Stücken, Kichererbsen, weiße Bohnen, Kidneybohnen. Einige Produkte gibt es im Mehrwegglas. Außerdem rotes und grünes Pesto, pflanzliche Brotaufstriche mit Gemüse oder Hülsenfrüchten.

Trockenfrüchte, Nüsse, Samen

In den Vorrat gehören: Rosinen, Walnüsse, Mandeln, Cashewkerne, Haselnüsse sowie Sesam- und Leinsamen, Sonnenblumen- und Kürbiskerne. Umweltgerecht sind heimische Arten wie Wal- und Haselnüsse, Sonnenblumenkerne und Leinsamen.

Kräuter und Gewürze

In den Vorrat gehören: Basics wie Pfeffer und Salz, »grüne« Gewürze, also Basilikum, Thymian, Majoran, Dill, Oregano, Schnittlauch, und »gelbe« Gewürze wie Curry, Kurkuma und Ingwer. Außerdem Koriander, Bockshornklee, Muskatnuss, Paprika und Zimt. Gewürzmischungen, etwa für Bratkartoffeln, Asia- oder Gemüsepfannen, sind praktisch für schnelle Gerichte. Allerdings sind sie teurer als Einzelgewürze.

Essig und Öl

In den Vorrat gehören: Aceto balsamico di Modena oder Condimento bianco (weißer Balsamicoessig) und Apfelessig. Nach Gusto auch Rot- oder Weißweinessig. Zwei Olivenöle: ein günstiges Öl zum Kochen, ein höherpreisiges für Salate und Gemüse, das roh gegessen wird. Plus Raps- und Leinöl. Sojasauce.

Tiefkühlkost

In den Vorrat gehören: TK-Gemüse wie Erbsen, Bohnen, Spinat und Karotten als Basic-Variante, also ungewürzt und ohne Butter. TK-Kräuter, Brot, Brötchen, gegebenenfalls eine »Notfall-Pizza« für jedes Familienmitglied, selbst zubereitete Speisen wie Aufläufe, Asia-Pfannen, Lasagne und Kuchen.

Frisches

In den Vorrat gehören: Kartoffeln, Süßkartoffeln, Zwiebeln, Knoblauch, wahlweise Karotten, Kürbis, Steckrüben, Rote Bete, Topinambur, Blumenkohl, Pastinake und Fenchel. Diese Gemüsearten halten problemlos eine Woche im Kühlschrank, in einem kühlen Keller oder auf dem Balkon. Außerdem Äpfel, Birnen, Eier, Margarine.

Getränke

In den Vorrat gehören: Mineralwasser, Kaffee, Kaffeealternativen (Getreide, Lupine), Espresso, »echter« Kakao zum Anrühren, Kräuter- und Früchtetee, Schwarztee, zum Beispiel Darjeeling, Assam oder Earl Grey.

Außerdem gut dazuhaben:
Hafer- und Sojadrink, H-Milch, Marmelade, Zucker, Honig.

WAS HEISST DAS UNTERM STRICH?

- Der Vorratsschrank wird primär mit haltbaren Lebensmitteln bestückt. Aber einige haltbare frische Gemüse- und Obstsorten wie Karotten, Kartoffeln und Äpfel gehören auch zum Vorrat.

- Füllen Sie den Vorratsschrank vor allem mit Lebensmitteln, die alle Familienmitglieder mögen. So wird's ein »happy meal«.

- Im Sommer schon an den Winter denken. Kaufen Sie Gemüse und Obst der Saison und frieren oder kochen Sie es ein (siehe Kapitel 5).

Vorrat mit System

Um den Überblick zu behalten und um schnell das Gewünschte zu finden, ist es hilfreich, die Lebensmittel nach einem gewissen System in den Vorratsschrank zu stellen. Aber auch dem Verderb wirkt es entgegen, wenn alles seine Ordnung hat.

Vorratsschrank

Der Vorratsschrank kann ein Schrank sein oder auch ein offenes Regal mit mehreren Regalböden. Die Vorräte werden am besten nach »Themen« geordnet, so finden alle Familienmitglieder das Benötigte. Oben stehen gut sichtbar zum Beispiel Flocken, verschiedene Nudelsorten und Reis, also Lebensmittel, die oft benötigt werden. Darunter kommen Hülsenfrüchte, Tomatensauce und Nüsse, die nicht täglich benötigt werden. Weiter unten stehen Marmelade und herzhafte Brotaufstriche. Alle Lebensmittel, die nur selten benötigt werden, rücken in die hinteren Reihen.

Ist nur wenig Platz für einen Vorrat, ist es besser, öfters etwas nachzukaufen, als die vorhandene Regalbodenfläche vollzustopfen. Im Internet gibt es schöne Videos, wie sich ein Vorratsschrank sinnvoll einrichten lässt. Dort wird immer geraten, nur 80 Prozent der vorhandenen Fläche zu füllen. So wirkt alles schön ordentlich und man hat die Produkte im Blick.

Ordnung halten auch bei frischen Lebensmitteln

Auch frische Lebensmittel wollen ordentlich bevorratet werden. Anders, als man vielleicht meint, eignen sich viele frische Produkte nicht für den Kühlschrank. Manche verderben dort sogar schneller als an der frischen Luft. So mögen zum Beispiel Tomaten, Kartoffeln, Avocados, Zwiebeln, Zitrusfrüchte sowie

Bananen keine Kälte. Auch Brot und Öl kommen besser in ein Regal, das möglichst an einem kühlen Ort steht. Früher war dies die Speisekammer.

Manche Lebensmittel mögen es zudem gern dunkel. Kartoffeln, Zwiebeln, Ingwer und Knoblauch keimen im Licht schnell aus. Darum sollten sie möglichst dunkel, zum Beispiel in einem Karton mit einem locker sitzenden Deckel, aufbewahrt werden.

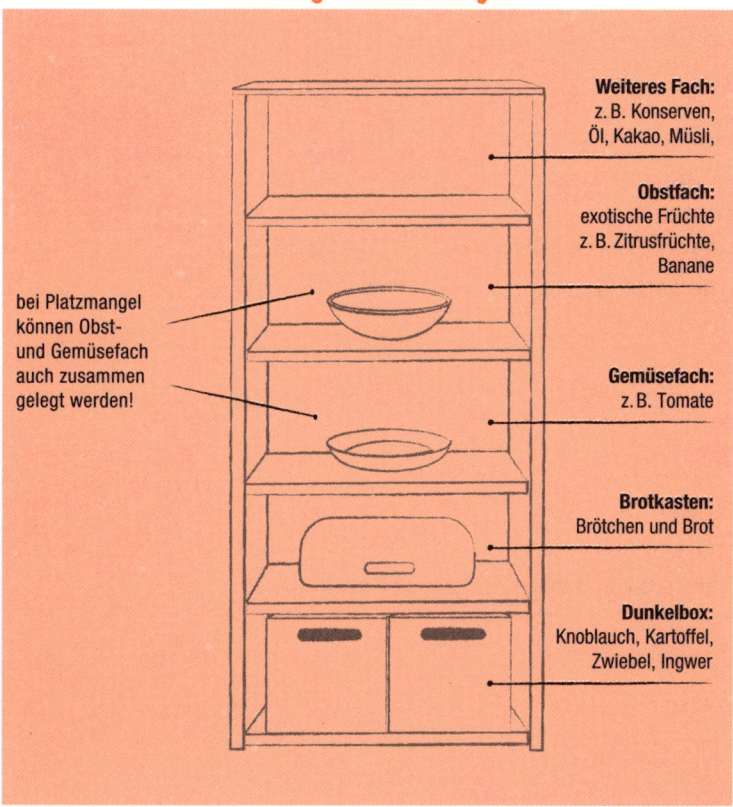

Ordnung im Küchenregal

Weiteres Fach: z.B. Konserven, Öl, Kakao, Müsli,

Obstfach: exotische Früchte z.B. Zitrusfrüchte, Banane

bei Platzmangel können Obst- und Gemüsefach auch zusammen gelegt werden!

Gemüsefach: z.B. Tomate

Brotkasten: Brötchen und Brot

Dunkelbox: Knoblauch, Kartoffel, Zwiebel, Ingwer

Diese Lebensmittel mögen keine Kälte
Quelle: Verbraucherzentrale NRW 2017

Doch auch die Form entscheidet, wie gut sich ein Lebensmittel hält. So ist Käse am Stück viel länger haltbar als Käse in Scheiben, denn das ganze Stück trocknet nicht so schnell aus. Das gilt auch für Brot: Ein Laib Brot hält länger frisch als in Scheiben geschnittenes Brot. Auch werden Brot und Brötchen, die mit Hefe aus Weizen gebacken werden, schneller trocken und altbacken als Backwaren aus Roggen-Sauerteig. Auch bleiben Brot und Brötchen mit einem Anteil an Schrot oder ganzen Körnern länger frisch als Backwaren aus Auszugsmehl.

Ordnung im Kühlschrank

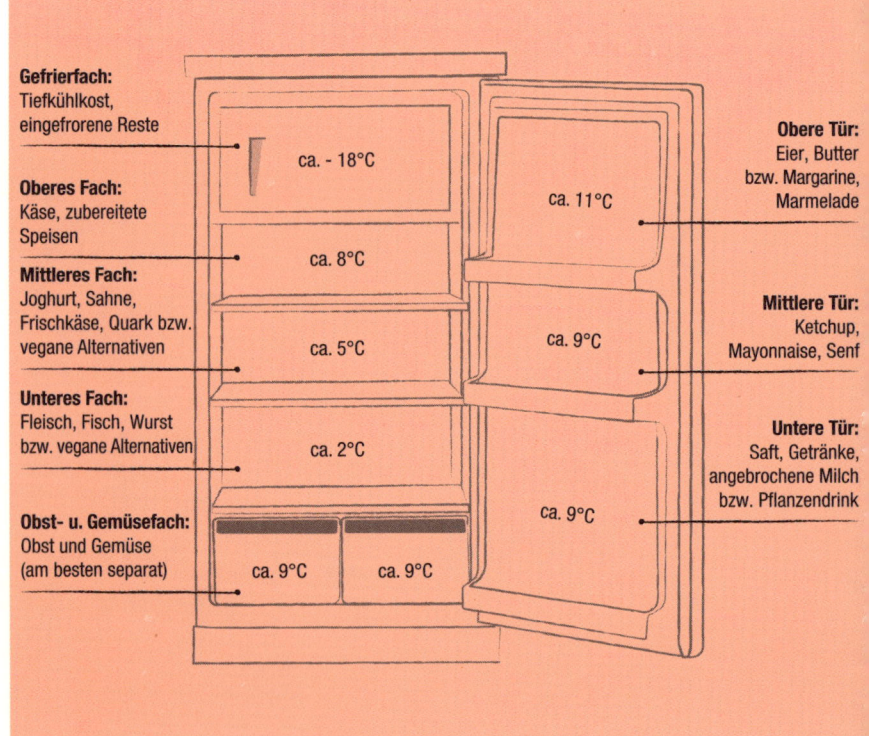

Gefrierfach:
Tiefkühlkost,
eingefrorene Reste

ca. - 18°C

Oberes Fach:
Käse, zubereitete
Speisen

ca. 8°C

Mittleres Fach:
Joghurt, Sahne,
Frischkäse, Quark bzw.
vegane Alternativen

ca. 5°C

Unteres Fach:
Fleisch, Fisch, Wurst
bzw. vegane Alternativen

ca. 2°C

Obst- u. Gemüsefach:
Obst und Gemüse
(am besten separat)

ca. 9°C   ca. 9°C

Obere Tür:
Eier, Butter
bzw. Margarine,
Marmelade

ca. 11°C

Mittlere Tür:
Ketchup,
Mayonnaise, Senf

ca. 9°C

Untere Tür:
Saft, Getränke,
angebrochene Milch
bzw. Pflanzendrink

ca. 9°C

Diese Lebensmittel fühlen sich im Kühlschrank wohl
Quelle: Verbraucherzentrale NRW 2017

KÄSE, GEMÜSE UND CO. AUCH OHNE KÜHLUNG FRISCH

Im Alltag ganz ohne Kühlschrank auskommen, um Strom zu sparen? Wie das geht, erklärt die Französin Marie Cochard in ihrem Buch *Lust auf Frische!* (Heyne 2018). Statt Lebensmittel in den Kühlschrank zu stellen, beschreibt sie traditionelle Methoden wie das Lagern von Karotten, Kohl und Rüben in Erdmieten, die Aufbewahrung von Äpfeln in flachen Kisten und die kühlschrankfreie Aufbewahrung von Käse unter einer Käseglocke.

Selbst empfindliche Gemüsearten wie grüner Salat, Lauch und Radieschen kommen bei Marie Cochard ohne Kühlschrank aus, indem sie in ein mit Wasser gefülltes Glas gestellt werden. Die Lebensmittel bleiben auf diese Weise nicht nur frisch. Marie Cochard erklärt, dass Ungekühltes auch besser schmeckt.

WAS HEISST DAS UNTERM STRICH?

- Vorräte am besten »thematisch« ordnen, also Müsli und Knäckebrot zusammenstellen oder Dosentomaten und Mais, dann finden sich alle Familienmitglieder zurecht.

- Nur 80 Prozent der vorhandenen Fläche füllen, dann bleibt der Vorratsschrank übersichtlich.

- Nicht jedes frische Lebensmittel muss in den Kühlschrank. Zitrusfrüchte und andere Exoten, Tomaten, Kartoffeln, Zwiebeln, Brot, Kaffee und Öl bleiben draußen. Sie können gemeinsam in einem offenen Vorratsregal stehen.

- Was wie Kartoffeln, Zwiebeln und Ingwer gern auskeimt, muss abgedunkelt aufbewahrt werden.

Auf die Verpackung kommt es an

Trockene Lebensmittel wie Nudeln, Reis und Müsli sollten immer in verschließbare Gläser und Dosen umgefüllt werden, also nicht in der Originalverpackung aufgehoben werden. Denn es kann immer sein, dass die Verpackung beschädigt ist – und das ist ein gefundenes Fressen für Küchenschädlinge wie zum Beispiel Motten. Sie dringen meist unbemerkt in die Packung ein und machen sich über den Inhalt her. Auch lassen sich Vorräte in Dosen und Gläsern viel einfacher übersichtlich im Vorratsschrank aufstellen.

Besser ohne Plastik

Geeignet sind Gläser und Dosen aus Glas, Edelstahl und Porzellan. Die Gefäße müssen nicht unbedingt neu gekauft werden. Auch Verpackungen aus Glas von zum Beispiel Gurken, Suppen und Marmelade oder einfache Einmachgläser mit Bügel- oder Schraubverschluss sind bestens als Behältnisse für Vorräte geeignet. Glas ist besonders empfehlenswert, da es keine fremden Gerüche annimmt und inert ist, wie es heißt. Aus dem Material werden – anders als bei Kunststoffen – also keine Schadstoffe herausgelöst. Langlebig ist Glas zudem. Doch den Deckel sollte man im Blick haben, denn die Dichtung kann gesundheitsschädliche Weichmacher enthalten, die in fetthaltige Lebensmittel wie Pesto, Aufstriche und Nüsse übergehen, sofern Inhalt und Deckel miteinander in Kontakt kommen. Deckel ohne Weichmacher sind an einer blauen Dichtung zu erkennen. Hierbei handelt es sich um BLUESEAL, einen von innen blauen Deckel ohne schädliche Weichmacher.

In Verpackungen aus Glas lassen sich übrigens auch gegarte Lebensmittel aufheben oder einfrieren. Sie sollten aber nur zu drei Viertel gefüllt sein, da sich die Speisen in der Kälte ausdehnen.

Edelstahl und Porzellan

Auch Dosen aus Edelstahl sind gut für Vorräte geeignet. Wie Glas nimmt er keine Gerüche an und gibt im Kontakt mit Lebensmitteln keine Substanzen ab. Zwar wurde lange Zeit befürchtet, dass Lebensmittelsäuren oder Öle den Stahl angreifen. Jedoch ist es unwahrscheinlich, dass die Legierungspartner Nickel und Chrom austreten, selbst bei hohen Temperaturen, ergaben Studien.

Dosen aus Porzellan sind zudem für die Vorratshaltung geeignet, sofern sie sich fest verschließen lassen. Hier gilt es gute, hochwertige Produkte zu bevorzugen. Bei Billigwaren kann die Glasur schädliches Blei und Kadmium enthalten und an die Lebensmittel abgeben. Zwar werden die Grenzwerte, die es für Schwermetalle in Glasuren gibt, meist eingehalten. Aber es macht auf jeden Fall Sinn, auf ein Symbol zu achten, das für die Eignung als Lebensmittelverpackung steht: das Glas-Gabel-Symbol. Es besagt, dass die Verpackung, egal ob Kunststoff oder Porzellan, keine Schadstoffe an das Lebensmittel abgibt. Auch die Angabe »für Lebensmittelkontakt zulässig« steht dafür.

Glas-Gabel-Symbol
Quelle: Verordnung (EG) Nr. 1935/2004

Aufbewahrung in Plastikboxen?

Es gibt auch diverse Boxen aus Kunststoff zur Aufbewahrung von Vorräten. Wer sie nutzen möchte, sollte darauf achten, dass sie explizit für die Vorratshaltung geeignet sind. Sollen Lebensmittel darin eingefroren werden, müssen sie zudem gefrierstabil sein. Hierfür steht das »Schneeflocken«-Symbol, das sich meist auf der Unterseite der Kunststoffbox befindet.

Bestandteile bestimmter Kunststoffe wie BPA (Bisphenol A) und sogenannte Phthalate sind gesundheitsschädlich. Sie können durch Fette und Säuren aus dem Kunststoff herausgelöst werden – und so in Lebensmittel gelangen. Das gilt auch für Zusätze, die den Kunststoffen beigemischt werden. Vor allem, wenn die Verpackungen altern, spröde und rissig werden, lösen sich unerwünschte Substanzen aus dem Material heraus. Nicht zuletzt kann durch Abrieb Mikroplastik in Lebensmittel gelangen. Also immer auf Angaben wie »BPA-frei« oder »ohne Weichmacher« achten.

Keine gebrauchten Umverpackungen für den Vorrat

Grundsätzlich ungeeignet für die Aufbewahrung von Vorräten, egal ob sie in die Tiefkühltruhe wandern oder ins Vorratsregal gestellt werden, sind gebrauchte Umverpackungen wie zum Beispiel leere Joghurt-, Eis- oder Margarinebecher. Sie sind dafür konzipiert, nur einmal verwendet zu werden, also nicht für eine Dauerlagerung und -beanspruchung gedacht. Auch sind sie immer nur für die jeweilige Anwendung geeignet, also beispielsweise für Kälte (Eis) oder Fette (wie Butter und Margarine). Werden sie zweckentfremdet, »besteht die Gefahr, dass unerwünschte Stoffe aus der Verpackung in das Lebensmittel übergehen«, warnt die Verbraucherzentrale Sachsen. Kräuter in einer leeren Margarinedose einzufrieren oder Essensreste in Margarinepackungen aufzuheben, ist also keine gute Idee.

MOTTEN, KÄFERN UND SCHABEN DAS LEBEN SCHWER MACHEN

Lebensmittel wie Müsli, Mehl, Nüsse, Gewürze und Brühwürfel sind für Lebensmittelschädlinge ein gefundenes Fressen. Vor allem im Sommer, wenn es im Vorratsschrank schön warm ist, knuspern sie gern am Vorrat herum. Vor allem Brot-, Korn- und Reismehlkäfer, Mehl- und Dörrobstmotten sowie Schaben (Kakerlaken) machen sich gern in Vorratsschränken breit. Flattern Motten aus dem Schrank oder sitzen Kornkäfer im Müsli, hat dies aber nichts mit mangelnder Hygiene zu tun. Eier, Larven oder auch die ausgewachsenen Tiere befinden sich meist schon in oder auf Verpackungen.

Darum sollte alles getan werden, um einen Befall zu vermeiden. Am besten ist es, alle trockenen Vorräte in gut verschließbaren Gefäßen aufzubewahren. Tüten und Packungen mit Lebensmitteln für den Vorrat sollten also immer gleich nach dem Einkauf auf einen möglichen Befall hin kontrolliert und dann umgefüllt werden. Das schützt vor der Verbreitung von Schädlingen.

Regelmäßig sollten die Schränke zudem überprüft werden, ob nicht ein paar Flocken oder Sesamsamen versehentlich danebengefallen sind. Sie sammeln sich gern in den Ecken von Schränken und ziehen dann Schädlinge an.

Vorräte immer kühl und trocken lagern. Der Vorratsschrank sollte darum nach Möglichkeit nicht direkt neben dem Herd stehen, denn dort ist es besonders feucht und warm – ein Klima, das Schädlinge lieben.

Sollte es doch mal zu einem Befall kommen, sind Schädlingsbekämpfungsmittel in der Küche tabu. Alle betroffenen Lebensmittel müssen, so schade es ist, weggeworfen werden. Der gesamte Vorratsschrank muss außerdem mit Essigwasser gründlich ausgewaschen und gut abgetrocknet werden. Bevor neue Lebensmittel hineingestellt werden, nochmals kontrollieren, ob sich im Schrank keine Schädlinge mehr tummeln oder Larven verstecken. Meistens verziehen sich die kleinen Plagegeister, wenn die Nahrung ausbleibt.

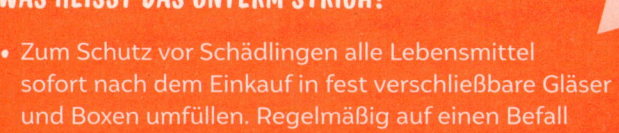

WAS HEISST DAS UNTERM STRICH?

- Zum Schutz vor Schädlingen alle Lebensmittel sofort nach dem Einkauf in fest verschließbare Gläser und Boxen umfüllen. Regelmäßig auf einen Befall kontrollieren.

- Glas, Edelstahl und Porzellan sind ideale Verpackungen für trockene Lebensmittel wie Müsli, Mehl und Zucker, die in den Vorratsschrank wandern.

- Sollen Plastikbehälter verwendet werden, unbedingt auf die Eignung für Lebensmittel hin überprüfen. Das Glas-Gabel-Symbol sowie die Hinweise »BPA-frei« und »ohne Weichmacher« sind wichtige Angaben für schadstofffreie Verpackungen. Diese auch immer wieder auf Schäden prüfen und gegebenenfalls aussortieren, wenn sie Risse haben oder Stücke herausgebrochen sind. Zum Einfrieren von Lebensmitteln nur gefrier-stabile Boxen verwenden.

- Gebrauchte Umverpackungen von zum Beispiel Eis und Joghurt sind ungeeignet für die Aufbewahrung von Vorräten und Essensresten.

KAPITEL 5

Selbst haltbar machen und sparen

Warum Einkochen und Einfrieren beim Sparen hilft, welche teuren Spezialprodukte fürs Haltbarmachen unnötig sind und warum Hygiene das A und O ist.

Vor allen im Sommer und Herbst, wenn Erntezeit ist, werden Gemüse und Obst oft günstig angeboten (siehe Kapitel 3). Dann heißt es zugreifen und einkochen, einlegen, einfrieren, trocknen und fermentieren. So lässt sich für die dunkle Jahreszeit ein schöner Vorrat anlegen, von dem monatelang gezehrt werden kann.

Natürlich gibt es Konfitüre, Apfelmus, eingelegte Gurken und Kirschen im Glas heute in jedem Supermarkt oder Bioladen zu kaufen. Doch wer sie in den Haupterntemonaten selbst herstellt, weiß nicht nur genau, was drin ist. Das Einmachen kostet meist auch etwas weniger als die vergleichbaren Produkte aus dem Laden. Insbesondere dann, wenn Gemüse und Obst aus dem eigenen Garten oder von Nachbarn und Freunden kommen, wird's günstig, da es die Rohwaren umsonst gibt.

Gut geeignet zum Einmachen ist Gemüse und Obst mit kleinen Schönheitsfehlern, also zu kleine Äpfel, krumme Karotten und schief gewachsene Gurken, die in einigen Supermärkten, auf dem Wochenmarkt oder in Hofläden oft deutlich billiger angeboten werden. Wer sie kauft, spart Geld und zeigt Flagge gegen Lebensmittelverschwendung. Denn an sich gelangen nicht ganz so adrette Exemplare gar nicht in die Läden, da sie nicht den Handelsnormen entsprechen. Sie werden gleich auf dem Acker untergepflügt oder als Tierfutter verwendet. Doch es gibt Bemühungen, dem etwas entgegenzusetzen, wie etwa die »Bio-Helden« des Discounters Penny (siehe Kapitel 3).

Grünes in den Kälteschlaf

Es gibt verschiedene Möglichkeiten, Obst und Gemüse haltbar zu machen. Am schnellsten geht das Einfrieren. Es ist auch eine sehr schonende Haltbarmachungsmethode. Denn Vitamine wie das empfindliche Vitamin C bleiben dabei recht gut erhalten.

Aber nicht jedes Gemüse und Obst lässt sich einfrieren. Geeignet sind vor allem Sorten, die wenig Wasser enthalten, wie Karotten, Spinat, Blumenkohl, Brokkoli, Paprika, Bohnen und Pastinaken. Vor dem Einfrieren sollte Gemüse immer blanchiert, also zwei bis drei Minuten in kochend heißes Wasser gegeben und dann kalt abgeschreckt werden. So bleibt die Farbe schön erhalten und das Gemüse knackig. Ungeeignet zum Einfrieren sind hingegen Blattsalate, Gurken, Tomaten, Rettiche und Radieschen. Sie enthalten viel Wasser, das beim Auftauen aus den Zellen tritt und das Gemüse matschig werden lässt.

Von allen Obstsorten eignen sich die meisten Beerenfrüchte und Steinobst gut zum Einfrieren, also Himbeeren, Johannisbeeren, Stachelbeeren, Blaubeeren, Kirschen, Pflaumen und Mirabellen. Eine feine Sache ist Beerenobst, das vor dem Einfrieren püriert wird. Es passt später wunderbar zu Eis, Joghurt oder wird einfach pur gelöffelt.

Ungeeignet zum Einfrieren sind hingegen Weintrauben, Äpfel und Birnen, Erdbeeren und Melonen. Sie enthalten viel Wasser. Beim Auftauen matschen sie darum leicht. Sie lassen sich, wenn überhaupt, nur einzeln Stück für Stück einfrieren. Erdbeeren werden dafür auf ein Gefriergitter gelegt und schockgefrostet, also kurzzeitig auf Temperaturen unter minus 18 Grad in den Kälteschlaf versetzt. Doch erstens sind die Mengen gering, die auf diese Weise je Durchgang eingefroren werden können, zudem kostet das Schockfrosten viel Strom.

Zum Einfrieren kleinerer Mengen können Marmeladengläser mit Twist-off-Deckel verwendet werden. Unbedingt auf Deckel ohne Weichmacher achten. Sie sind am blauen Ring im Deckel zu erkennen. Wer in Dosen und Tüten aus Kunststoff beziehungsweise Plastik einfrieren möchte, sollte nur gefrierstabile Verpackungen benutzen (siehe Kapitel 4).

Klassiker Einkochen

Lange bevor es Tiefkühltruhen und -schränke gab, wurden Gemüse und Obst haltbar gemacht: mithilfe des Einkochens oder Einweckens. Hier werden Früchte oder Gemüse auf Temperaturen zwischen 85 und über 100 Grad Celsius erhitzt. So werden Mikroorganismen, die zum Verderb führen würden, abgetötet.

Eingekocht wird idealerweise in einem Einkoch- oder Dampfdrucktopf, aber ein großer Kochtopf mit Deckel tut's auch. Um Kürbis, Karotten, Erbsen, Bohnen oder halbierte Pflaumen und Kirschen einzukochen, werden sie geputzt, abgespült, zerkleinert und in sterilisierte Einkochgläser geschichtet, mit einem salzigen, sauren oder süßen Aufguss bedeckt und das Glas mit Drehverschluss, einem sauberen Gummiring, Deckel und Klammer oder Bügelverschluss fest verschlossen. Ein Kochtopf wird mit Wasser befüllt und die Gläser bis zum »Hals« hineingestellt. Dann wird alles bis zu drei Stunden gekocht. Das meiste Gemüse und Obst ist danach fertig. Doch

Bohnen, Pilze, Spargel und Erbsen müssen nach ein bis zwei Tagen erneut erhitzt werden. Sie können Sporen des giftigen Clostridium-botulinum-Bakteriums enthalten, die teils erst beim zweiten Garen unwirksam gemacht werden. Die Vitamin-C-Verluste betragen bis zu 60 Prozent und sind somit höher als beim Einfrieren. Das ist zwar schade, aber Sicherheit geht vor.

Heißeinfüllen und Konfitüre kochen

Schneller geht das Heißeinfüllen. Feste Obstsorten wie Äpfel und Birnen oder Karotten und Einlegegurken werden zunächst rund zehn Minuten in einem Sud aus Wasser mit Zucker oder Salz und Gewürzen gegart. Dann kommen sie sofort in vorbereitete Schraubgläser, werden mit dem kochend heißen Sud bedeckt und fest verschlossen, etwa mit einem Twist-off-Deckel. Dadurch bildet sich ein Vakuum, das keine Luft mehr ins Glas lässt. Obst und Gemüse wird mithilfe dieses Verfahrens etwa ein Jahr haltbar. Auch herzhafte pürierte Suppen und Ketchups können auf diese Weise konserviert werden.

Das Kochen von Konfitüre und Gelee zählt ebenfalls zum Heißeinfüllen. Hierfür kommen Geliermittel und Obst im Verhältnis eins zu eins in einen Topf. Das heißt, ein Kilo Gelierzucker wird mit einem Kilo Frucht gemischt. Bei der Zubereitung von Gelee werden nur 800 Milliliter Saft zum Zucker gegeben – damit es schön fest wird. Unter Rühren wird dann alles erhitzt und etwa fünf Minuten sprudelnd gekocht, kommt dann kochend heiß in saubere Gläser und wird verschlossen. Auch hierfür eignen sich Twist-off-Gläser.

In Essigwasser und Alkohol einlegen

Zum Einlegen wird ein Sud aus Essig, Wasser und Zucker benötigt, der heiß zum Gemüse gegeben wird. Die im Sud enthaltene Säure mindert das Wachstum von Mikroorganismen, die das eingelegte Gemüse verderben würden. Der Zucker wird zugegeben, um Keimen den Garaus zu machen – und um die Säure des Essigs abzumildern.

Auch Obst lässt sich in Essig, Wasser oder auch Wein einlegen – oder in hochprozentigem Alkohol. Anders als beim Einkochen erhalten Gemüse und Obst bei dieser Methode aber nur einen heißen Aufguss oder werden kurz darin gegart. Durch das Ziehen im Sud im verschlossenen Glas entfaltet sich mit der Zeit der Geschmack.

In Öl einlegen

Öl eignet sich gut zum Einlegen von Gemüse wie Zucchini, kleinen Tomaten, Paprika und Auberginen. Da beim Einlegen in Öl auf Essig als Haltbarmachungsmittel verzichtet wird, muss das Gemüse mit Ausnahme von Kräutern zunächst gegart werden. Im Glas wird es dann komplett mit dem Öl bedeckt. Die Zugabe von Knoblauch und Kräutern, zum Beispiel Rosmarin, schützt durch die bakterizide Wirkung ebenfalls vor Verderb.

Ruckzuck fertig und auch ein schönes preiswertes Geschenk sind insbesondere Gewürzöle. Schön würzig ist beispielsweise ein Mix aus frischem Rosmarin, Dill, Thymian und roten Peperoni. Sie werden zerkleinert, in ein sauberes Glas gegeben, mit Olivenöl aufgegossen und verschlossen. Nach etwa zwei Wochen wird alles in eine hübsche Flasche abgeseiht und einige Stängel Kräuter dazugegeben, fertig.

HILFREICHE GERÄTSCHAFTEN ZUM EINKOCHEN

- 1 großer Kochtopf (circa 20 Liter)

- Gläser in verschiedenen Größen mit Gummidichtung und Klammern, Gläser mit Bügelverschluss oder intakte Twist-off-Gläser mit blauer Dichtung (BLUESEAL, frei von Weichmachern)

- Trichter zum Einfüllen in die Gläser

- Küchenthermometer

- Zum Einkochen: eventuell Küchenzange oder Heber zum Herausnehmen der Gläser aus dem heißen Wasser

- Küchenhandtuch – es wird auf den Boden des Kochtopfs gelegt, damit Gläser darin nicht klappern

EINMACHPRODUKTE – MEIST NICHT NÖTIG

Es gibt diverse spezielle Produkte, die das Einmachen erleichtern sollen. Die meisten braucht's gar nicht.

Einmachhilfen sind Pulver, die die Haltbarkeit von Eingemachtem verlängern. Damit dies gelingt, enthalten sie meist den Konservierungsstoff Sorbinsäure (E 200). Doch Einmachrezepte enthalten meist Essig, Zucker, Salz oder Alkohol, die ebenfalls eine konservierende Wirkung haben. Wird alles sachgerecht, also hygienisch, zubereitet, ist Eingekochtes auch ohne konservierende Einmachhilfen rund ein Jahr haltbar.

Geliermittel sorgt dafür, dass sich der Obstbrei für die Konfitüre oder der Saft fürs Gelee verdickt und damit streichfähig wird. Die Produkte enthalten entweder Pektine oder Verdickungsmittel wie Carrageen, Agar-Agar und Johannisbrotkernmehl. Doch am preiswertesten lassen sich Konfitüren und Gelees mit normalem Gelierzucker zubereiten. Er enthält Zucker und gelierende, also die Fruchtmasse dick legende Pektine. Es gibt im Handel auch spezielle Produkte für Erdbeer- und Beerenkonfitüre. Doch sie sind nicht nötig, da Konfitüren aus den genannten Obstsorten auch ohne Spezialprodukte gelingen. Teurer als normaler Gelierzucker sind sie zudem.

Für Konfitüren, die weniger süß und mehr nach Frucht schmecken sollen, sind »Gelierzucker 1: 2« oder »Gelierzucker 1: 3« gut geeignet. Hier kommen auf ein Teil Zucker zwei oder drei Kilo Obst. Doch konventionelle Spar-Zucker enthalten in der Regel einen Konservierungsstoff, weil die fertige Konfitüre weniger Zucker enthält und somit schneller verdirbt. Alternativ gibt es auch Gelierpulver und flüssige Geliermittel für zuckerarme Konfitüren. Sie werden mit Früchten und etwas Haushaltszucker vermischt und aufgekocht. So lässt sich zwar gut die Zuckermenge steuern, doch auch diese Geliermittel enthalten Konservierungsstoffe. In Bioqualität gibt es alle Gelierprodukte ohne Konservierungsstoffe. Hier muss aber immer noch Zitronensaft oder Zitronensäure zur Obstmasse gegeben werden, damit sie geliert und lange haltbar ist.

Marmelade lässt sich auch ohne Gelierzucker herstellen. Dafür wird am besten pektinreiches Obst wie Quitte, Heidelbeere oder Apfel verwendet. Ein Kilo Obst wird mit etwa 250 Gramm Zucker und Zitronensaft vermischt und stehen gelassen. Am zweiten Tag wird alles aufgekocht und ruht dann nochmals. Am dritten Tag wird die Masse püriert, nochmals aufgekocht und dann in Twist-off-Gläser gefüllt.

Einkochzucker ist ein besonders grobkörniger Zucker. Die Zuckerkristalle lösen sich im Topf langsamer auf als die von normalem Zucker. Das hat den Vorteil, dass sich kein oder nur wenig Schaum auf dem Eingemachten bildet. Auch brennt die Obstmasse im Topf nicht so schnell an. Einkochzucker kann zum Einkochen von Früchten und süßsaurem Gemüse verwendet werden. Doch der Spezialzucker ist deutlich teurer als einfacher weißer Zucker. Das Geld kann man sich sparen. Denn zum Einmachen kann auch normaler Haushaltszucker verwendet werden – sofern der Schaum obenauf nicht stört. Wer ihn nicht mag, kann ihn mit einer Schöpfkelle abheben – und beim Kochen viel rühren, damit nichts anbrennt.

Haushaltszucker, aber auch Honig, Agavendicksaft, Apfel- und Birnendicksäfte sowie Ahornsirup können zum Süßen von eingemachtem Obst und Gemüse, Konfitüre und Fruchtaufstrichen verwendet werden. Die alternativen Süßungsmittel sind allerdings teurer als normaler weißer Zucker, und sie konservieren auch nicht so gut wie dieser. Die Aufstriche sind also kürzer haltbar. Am besten nutzt man sie für Konfitüre und Co., die schnell verbraucht werden. Alternativ gesüßte Aufstriche müssen im Kühlschrank aufbewahrt werden.

Gemüse und Obst trocknen

Das Trocknen, auch Dörren genannt, ist eines der ältesten Haltbarmachungsverfahren überhaupt. Und es ist eins der unkompliziertesten und preiswertesten. Man braucht dazu lediglich etwas Platz und Zeit. »Dörren« kommt von »darren« und bedeutet so viel wie »Entzug von Wasser durch Luft und Wärme«. Da Mikroorganismen damit die Lebensgrundlage entzogen wird, verderben getrocknete Gemüse und Obst also nicht, vorausgesetzt, sie werden nach dem Trocknen auch trocken aufbewahrt.

Zum Dörren eignen sich Gemüse- und Obstsorten, die wenig Wasser enthalten. Tomaten, Pfirsiche, Aprikosen und Weintrauben sind wasserreich, hier dauert das Trocknen sehr lange, darum sind sie eher ungeeignet. Prima lassen sich hingegen Äpfel, Birnen, Quitten, Karotten, Zucchini, Pilze und Knoblauch trocknen, außerdem Kräuter wie Thymian, Majoran und Dill und Pfefferminze. Am billigsten ist es, sie an der Luft zu trocknen, denn das braucht keinerlei Energie. Obst und Gemüse werden vor dem Trocknen stets in sehr feine Scheiben geschnitten. Ausgebreitet brauchen sie also einiges an Platz. Es besteht auch die Möglichkeit, die Obst- und Gemüsescheiben auf Bindfaden zu fädeln und diese aufzuhängen. Kräuter können als Bund kopfüber aufgehängt werden.

Alternativ kann im Backofen getrocknet werden. Dafür werden zum Beispiel Apfelspalten auf Bleche verteilt und das Ganze im Ofen mit Umluft bei 50 Grad Celsius mehrere Stunden lang getrocknet. Die Ofenklappe muss einen Spalt geöffnet sein, damit die Feuchtigkeit abziehen kann. Doch diese Methode frisst einiges an Strom und somit teurer Energie.

Wer öfters dörren möchte, kann über die Anschaffung eines Dörrapparats nachdenken. Solche Geräte lassen sich sehr gut über (Online-)Kleinanzeigenmärkte erwerben, neu kaufen muss man sie also nicht. Das Trocknen funktioniert darin wie von selbst. Die vorbereiteten Obst- und Gemüsescheibchen werden in die Schalen des Geräts gelegt, die Temperatur und Zeit ausgewählt und der Apparat gestartet. Nach Ablauf der Dörrzeit schaltet sich der Apparat von allein aus.

Nur Gemüse, Wasser und Salz: Fermentieren

Fermentieren liegt im Trend. Nicht nur der klassische Weißkohl wird zu Sauerkraut vergoren. Trendy sind raffinierte fermentierte Kombinationen aus Karotten mit Ingwer oder Chinakohl mit Chili und Pfeffer. Aber auch Cocktailtomaten, Fenchel, Gurken und Zucchini lassen sich fermentieren. Um sie zu vergären, wird das Gemüse mit Ausnahme von Tomaten mit einer Küchenreibe geraspelt, mit etwas Salz vermengt und dann kräftig in Gläser gedrückt. Dabei tritt Flüssigkeit aus, die Lake, die das Gemüse bedecken muss. Alternativ wird das Gemüse, zum Beispiel kleine, mit einem Zahnstocher angepikste Tomaten, mit einer Salzlake übergossen. In jedem Fall muss das Grünzeug gut mit der Flüssigkeit bedeckt sein. Die Gärung kommt nur unter Ausschluss von Sauerstoff in Gang. Fachlich wird dies auch als anaerobe Gärung bezeichnet, da die Bakterien, die hier im Spiel sind, keinen Sauerstoff mögen.

Damit das Grünzeug während der Fermentation nicht nach oben treibt und mit Sauerstoff in Kontakt kommt, muss es beschwert werden. Geeignet ist ein mittelgroßer Stein oder ein mit Wasser gefülltes Glas, das etwas kleiner als das Gärgefäß ist und auf das Gärgut gestellt wird. Es gibt auch Gewichte aus Glas, die auf das Gemüse gelegt werden und es somit unter Wasser halten. Zum Schutz vor Insekten wird alles mit einem Tuch locker abgedeckt. Alternativ wird ein Glas mit Bügelverschluss verwendet, das Gemüse beschwert und alles luftdicht verschlossen. Jedoch muss das Glas täglich geöffnet werden, damit die Gärgase entweichen können.
Dann heißt es warten. Zwischen einer Woche und mehreren Monaten dauert die Fermentation. Ganz nach Gusto. Nach etwa einer Woche schmeckt das Gemüse fein säuerlich. Je länger alles gärt, umso saurer wird's!

GERÄTE ZUM FERMENTIEREN

Wer es mit dem Fermentieren versuchen möchte, braucht keine Profiausrüstung wie Gärgefäße mit Ventil und Glasgewichte. Zum Einstieg reichen:

- Marmeladen- oder Einkochgläser oder Gläser mit Bügelverschluss in verschiedenen Größen,

- ein Stein zum Beschweren des Gemüses,

- Baumwolltuch zum Abdecken der Gläser und zum Schutz vor Insekten.

WAS HEISST DAS UNTERM STRICH?

- Das Einmachen lohnt finanziell vor allem, wenn Gemüse und Obst gerade günstig angeboten werden. Das ist meist in der Saison der Fall, also wenn es eine »Schwemme« gibt (siehe Link-Tipps im Anhang). Auch wenn Freunde oder Bekannte Obst zu verschenken haben oder auf Streuobstwiesen kostenlos Äpfel aufgesammelt werden dürfen, lohnt sich das Einmachen.

- Früchte und Gemüse, die verarbeitet werden, müssen nicht picobello aussehen. Sie sollten aber ohne Faul- und Druckstellen sein. Obst darf nicht überreif sein, es gärt sonst im Glas.

- Hygiene ist wichtig. Bevor es losgeht, müssen die Hände gründlich mit Seife gewaschen und die Arbeitsfläche gereinigt werden.

- In Rezepten ist oft von »sauberen Gläsern« die Rede. Das bedeutet, dass Zubehör wie Gläser, Einkochringe und Flaschen sterilisiert werden müssen, damit der Inhalt nicht schimmelt oder gärt. Dafür reicht es, die Gefäße mit kochendem Wasser zu übergießen und zehn Minuten stehen zu lassen.

KAPITEL 6

Lebensmittel günstig gut einkaufen

Welche Produkte trotz schwankender Preise erschwinglich sind, wo es lohnt, etwas mehr für gute Qualität auszugeben und worauf beim Einkauf der einzelnen Lebensmittel noch zu achten ist.

Alle Lebensmittel von Avocado bis Zucker im Überblick.

Avocados sind lecker und haben ein sämig-weiches Fruchtfleisch. Sie eignen sich darum für Brotaufstriche oder einfach pur aus der Schale gelöffelt. Sie sind zwar recht fettreich, enthalten aber vor allem herzgesunde ungesättigte Fettsäuren.

> **Günstig gut einkaufen:** Avocados sind eher etwas für den besonderen Anlass. Denn sie sind teuer, sofern sie eine gute Qualität haben. Sie sind auch ökologisch umstritten, denn sie benötigen beim Anbau viel Flüssigkeit. 2000 Liter Wasser können es je Kilo Avocados sein. Kommen sie aus regenarmen Ländern wie Israel und Südafrika, werden sie besonders intensiv bewässert – manchmal auf Kosten der Bevölkerung, der nicht genug Wasser zum Leben zur Verfügung steht. Günstiger sind Bio-Avocados aus regenreichen Regionen, etwa aus Ostafrika oder dem spanischen Cádiz. Teils werden sie in Mischkultur angebaut, also gemeinsam mit anderen Pflanzen. Dadurch hält sich das Wasser im Boden besser und die Böden sind nährstoffreicher. Gute Avocados kosten je Stück aber zwei Euro und mehr.

! **Auch gut zu wissen:** Drei Avocados für 99 Cent sind zwar ein verlockender Preis, aber man sollte sie besser nicht kaufen. In der Regel stammen sie aus Monokulturen, von Feldern also, auf denen nichts wächst außer Avocados. Darum werden sie intensiv gedüngt und gespritzt. Die Böden sind ausgelaugt und darum empfänglich für Schädlinge. Sie haben auch einen weiten Weg hinter sich. Oft stammen sie aus Mittel- und Südamerika oder Südafrika. Erkennbar sind solche Avocados in der Regel am sehr günstigen Preis.

Brot und Brötchen sind gesunde Lebensmittel, vor allem, wenn sie aus Vollkornmehl oder -schrot gebacken werden, also aus dem vollen Korn. Vollkorn liefert viele Ballaststoffe, B-Vitamine und Mineralstoffe, es sättigt gut und beugt Heißhunger vor. In Deutschland gibt es mehr als 3000 Brotsorten, nur ein geringer Teil ist allerdings aus Vollkorn.

Günstig gut einkaufen: Der Preis für ein gutes Vollkornbrot scheint mit fünf bis sieben Euro je Kilo recht hoch. Doch dieselbe Menge an Baguette, Brötchen oder Mischbrot kostet deutlich mehr. Die hellen Brotsorten sind leichter, fluffiger und voluminöser und sehen darum nach mehr aus, doch es sind Leichtgewichte. Um satt zu werden, muss davon mehr gegessen werden, also zum Beispiel zwei Scheiben Mischbrot oder vier Scheiben Baguette statt einer Scheibe Vollkornbrot. Für zwei oder vier Scheiben wird natürlich auch mehr Aufstrich oder Belag benötigt als für eine Scheibe. Auch das schlägt zu Buche. Der Preis je Kilo Brot ist ein gutes Hilfsmittel, um Brotpreise zu vergleichen. Mehrkornbrot ist kein Vollkornbrot, auch wenn die Werbung das gern suggeriert. In der Regel handelt es sich um ein Mischbrot aus Roggen und Weizen oder Dinkel, die kein Vollkorn sind. Es hat oft Zusätze an Leinsamen und Sesam. Mehrkornbrot ist vergleichsweise teurer als einfaches Vollkornbrot. Vollkorn darf sich Brot nur nennen, wenn der Getreideanteil zu 90 Prozent Vollkorn ist, also Getreide mit allen Teilen des Korns einschließlich Keimling und Randschichten verbacken wurde. Brot lässt sich auch sehr gut selbst mithilfe von Sauerteig backen. Es ist dann unschlagbar günstig, da nur Kosten für das Mehl und die Energie fürs Backen anfallen. Der Sauerteig kann immer wieder verwendet werden.

! **Auch gut zu wissen:** Bevorzugen Sie Vollkornbrot, das mit Sauerteig gebacken ist. Dann ist es besonders saftig und bekömmlich. Der Teig sollte 24 bis 36 Stunden »gegangen« sein. In Bäckereien kann man nachfragen, ob es sich um eine »dreistufige Sauerteigführung« handelt, die viele Stunden dauert. Auf Brottüten wird damit auch manchmal geworben. Kommen Brot und Brötchen aus Backshops oder wird in Supermärkten und beim Discounter »frisch« gebacken, werden in der Regel vorgefertigte Teige mit kürzerer Gehzeit verwendet. Denn Zeit ist Geld. Solches Brot kann weniger bekömmlich sein, es kann auch Zusatzstoffe wie Bindemittel und Enzyme enthalten. Zusatzstoffe werden auf der Verpackung deklariert, Enzyme nicht.

Butter: Ist Butter nun gesünder oder Margarine? Darüber gehen die Meinungen auseinander. Für Butter spricht, dass sie ein echtes Naturprodukt ist und keinerlei Zusätze benötigt. Dafür liefert sie Cholesterin, welches manche Menschen meiden müssen. Margarine aus Pflanzenöl enthält hingegen viel gesunde mehrfach ungesättigte Fettsäuren. Doch Margarine wird stärker bearbeitet als Butter, da die Pflanzenöle mit festen Fetten gemischt werden müssen, um sie streichfähig zu machen, oder es kommen Emulgatoren zum Einsatz, die flüssige Fette binden. Teils werden die Fette auch gehärtet, was für Biomargarine aber nicht erlaubt ist. Aus gesundheitlichen Gründen spricht also einiges für Butter, einiges auch für Margarine.

Günstig gut einkaufen: Butter ist oft deutlich teurer als Margarine oder die bei Vegetariern beliebten veganen Blocks mit Kokos- oder Palmfett. Biobutter ist wiederum oft teurer als konventionelle, auch wenn die Preissteigerung in den vergangenen Jahren bei Bioprodukten geringer ausfiel. Wer nicht auf Butter verzichten möchte, kann sie sich einteilen: Auf frisches Brot und frische Brötchen gibt es Butter, aber auf die Stulle zum Mitnehmen Margarine.

Auch gut zu wissen: Ideal ist Butter aus Weidemilch, denn die Tiere stehen einen Großteil des Jahres auf der Weide. Zudem enthält die Butter aus Gras- und Heufütterung viele Omega-3-Fettsäuren. Sie ist meist zwar etwas teurer als konventionelle Butter, dafür ist sie aber gesünder und den Kühen geht es besser, denn sie dürfen einen Großteil des Jahres raus.

Eier sind wertvolle Lebensmittel, auch wenn sie oft Gegenstand von Diskussionen sind. Sie enthalten zwar viel Cholesterin, auf das manche Menschen achten müssen. Jedoch enthalten sie auch gesunde Nährstoffe wie hochwertiges Eiweiß, Vitamin B_{12} und Vitamin D. Sie sind gerade für Menschen gesund, die nur selten tierische Lebensmittel essen.

Günstig gut einkaufen: Gute Eier haben ihren Preis. Werden Hühner im Freien gehalten und können ihren natürlichen Bedürfnissen wie Picken und Scharren nachkommen, brauchen sie viel Platz. Doch das ist für Landwirte wenig lukrativ, da deutlich weniger Tiere gehalten werden können. Um sich teure Eier leisten zu können, kann der Konsum auf ein bis zwei Eier in der Woche beschränkt werden. Hühnereier aus Bio-Freilandhaltung sind die erste Wahl. Anhand des Codes auf dem Ei lassen sie sich erkennen. Der Code setzt sich aus der Haltungsform, dem Herkunftsland und der Erzeugernummer zusammen. 0-DE-123 bedeutet, dass das Ei aus Biohaltung ist und aus Deutschland kommt. Bei bio teilen sich im Stall sechs Tiere einen Quadratmeter, draußen muss es je Tier vier weitere Quadratmeter Platz geben. Käfighaltung ist tabu. Eine schöne Haltungsform ist die in Mobilställen. Die Hühner wohnen in einem Wagen, der regelmäßig umgestellt wird. So haben die Tiere immer frisches Grün und der Boden bietet genügend Anreize zum Scharren und Picken.

Auch gut zu wissen: Teige für Kuchen, Pfannkuchen und Kekse lassen sich auch ohne Eier herstellen. Zutaten wie Apfelmus, zerdrückte Bananen, mit Wasser vermischte Leinsamen und Flohsamenschalen geben Teigen ebenfalls Bindung und lassen sie aufgehen.

Ei-Ersatzprodukte sind Mischungen aus Stärke oder Mehl, einem Backtriebmittel, pflanzlichem Eiweiß, Verdickungsmittel und Gewürzen. Sie werden überall dort eingesetzt, wo sonst Eier Verwendung finden, also beim Backen und für Pfannkuchen. Als Rührei eignet sich Eiersatz aber nicht.

> **Günstig gut einkaufen:** Ei-Ersatzprodukte sind zwar praktisch, da sie sich gut dosieren lassen – ein Teelöffel Eiersatz verrührt mit 50 Milliliter Wasser entspricht einem Ei. Doch die Produkte sind auch teurer, als wenn Ei-Alternativen wie zum Beispiel Leinsamen oder Flohsamenschalen verwendet werden (siehe unten). Zudem enthalten sie Zusatzstoffe wie Johannisbrotkern- oder Guarkernmehl, Carrageen und Methylcellulose sowie Aromen.

Auch gut zu wissen: Eier lassen sich auch ohne spezielle Produkte in Teigen ersetzen. Wird ein Esslöffel Leinsamen mit zwei Esslöffeln Wasser verrührt, ersetzt dies ein Ei im Kuchen. Auch Bananen und Haferflocken sowie Backpulver geben Kuchen- und Pfannkuchenteig Bindung. Wird explizit Eischnee benötigt, kann die Flüssigkeit von Kichererbsen aus dem Glas verwendet werden. Sie wird in ein Gefäß gegeben und mit dem Handrührgerät des Mixers aufgeschlagen. So entsteht schöner Schaum, der auch Aquafaba genannt wird. Die Kichererbsen sollten ungesalzen sein, sofern der Eischnee für süße Speisen verwendet werden soll.

Essig gibt es schon für wenige Cent je Liter zu kaufen. Guckt man die Auswahl an Essigen im Supermarkt an, scheint der milde Aceto balsamico besonders beliebt zu sein. Das Angebot ist hier oft am größten. Aber auch bei Apfel- und Weinessig gibt es eine große Auswahl.

Günstig gut einkaufen: Es ist gut, zwei Essige unterschiedlicher Preisklassen im Haus zu haben. Günstige Essige haben oft keinen sehr ausgeprägten Eigengeschmack. Sie eignen sich aber zum Abschmecken warmer Speisen, die lediglich einen Schuss Saures benötigen, etwa Linseneintöpfe und Suppen. Für frische Salate, warme Gemüsesalate und auch zum Marinieren, also überall dort, wo der Geschmack mehr zum Tragen kommt, ist ein etwas teurerer roher (siehe nächster Absatz) Essig richtig.

Auch gut zu wissen: Die im Essig enthaltene Essigsäure macht Gerichte bekömmlicher. Darum ist ein Schuss Essig an Speisen oder ein Essig-Öl-Dressing eine echte Verdauungshilfe. In Baden-Württemberg wird traditionell zu schwer verdaulichen Speisen wie Linsen mit Spätzle ein Kännchen Essig gereicht. Essigsäure bietet aber auch Bakterien und anderen Mikroorganismen Paroli und sorgt so für eine gute Darmgesundheit. Roher unerhitzter Essig enthält gesunde Milchsäurebakterien, die zudem gut für den Darm sind. Darum sollte möglichst immer unerhitzter roher Essig verwendet werden, sofern Speisen nicht erhitzt werden. Auf dem Etikett steht teils »roh« oder »nicht pasteurisiert«.

Fertiggerichte wie Pizza, TK-Lasagne und fertige Burger sind praktisch, wenn es schnell gehen muss, aber auch teuer. Besonders wenn viele Personen satt werden müssen, reißen sie ein ordentliches Loch ins Portemonnaie. Außerdem erzeugt, was in wenigen Minuten aufgegessen ist, viel Verpackungsmüll.

Günstig gut einkaufen: Günstiger als Fertiggerichte sind selbst gekochte Speisen. Muss es schnell gehen, können vorgefertigte Produkte das Kochen unterstützen. Dazu zählen pürierte Tomaten in der Flasche, Kichererbsen, Mais, Tomaten und Kidneybohnen aus dem Glas, Teigböden für Pizza, Flammkuchen und Tortillas, TK-Gemüse wie Erbsen, Spinat und Mischgemüse sowie Gewürzmischungen, etwa für Asia-Gerichte, Bratkartoffeln und Mediterranes, sowie TK-Kräuter. Doch auch viele einfache Gerichte wie Kartoffeln mit Quark oder Pasta mit Pesto sind ruckzuck fertig.

Auch gut zu wissen: Fertiggerichte sind nicht nur teuer, sie sind oft auch ungesund. Denn sie enthalten viel zugesetztes Salz, oft Zucker, ungesunde Fette, Zusatzstoffe wie Emulgatoren, Verdickungsmittel, Stabilisatoren, Säureregulatoren und zugesetzte Aromastoffe. Wer selbst kocht, kann den Salzgehalt selbst bestimmen und isst ohne Zusatzstoffe.

Fisch ist ein wertvolles Lebensmittel, das hochwertiges Eiweiß und gesunde Fette liefert, Seefisch auch viel Jod. Doch der Fischkonsum muss vermindert werden, denn die Meere sind leer gefischt. Beim Fischen werden oftmals Grundschleppnetze eingesetzt. Sie wühlen den Meeresboden auf, wodurch nicht nur Meerestiere vertrieben werden, auch im Boden gespeichertes Kohlendioxid wird freigesetzt. Fisch aus Aquakultur, also von Fischfarmen, sind keine echte Alternative. Die Fische werden dort in Massen gehalten, in der Regel auch Antibiotika eingesetzt, da Krankheiten sich schnell ausbreiten. In der Bio-Aquakultur haben die Tiere zwar etwas mehr Platz und bekommen Biofutter, artgerecht ist dies aber auch nicht.

Günstig gut einkaufen: Fisch sollte aus ökologischen Gründen nur selten und in kleinen Mengen gegessen werden. Das passt auch gut zu einer günstigen Ernährung, denn Fisch ist teuer. Nach der Planetary Health Diet (siehe Kapitel 2) sind etwa 200 Gramm Fisch in der Woche akzeptabel, das entspricht einem mittelgroßen Stück. Jedoch kann nicht jede Fischart gleichermaßen empfohlen werden, denn viele Bestände sind überfischt. Welcher Fisch ab und zu genossen werden kann, steht im Fischratgeber der Umweltstiftung WWF (siehe Literaturtipps im Anhang). Danach können zum Beispiel Heringe und Sprotten mit kleinen Einschränkungen empfohlen werden, nicht jedoch Scholle und Schellfisch. Fischpackungen aus Tiefkühltruhen tragen häufig das sogenannte MSC-Siegel des Marine Stewardship Council. Es bietet eine gewissen Orientierung für den nachhaltigen Fischkauf. Von Umweltverbänden wird das MSC-Siegel allerdings kritisiert, da es teils auch für Fische aus überfischten Beständen vergeben wird.

Auch gut zu wissen: Fettreiche Meeresfische, die wie Aal, Heilbutt und Thunfisch am Ende der Nahrungskette stehen, können stark mit Schwermetallen, etwa Quecksilber, belastet sein. Sie sollten darum nur ganz selten gegessen werden.

Fleisch und Wurst sollten nur ganz selten auf den Tisch kommen. Das ist gut für die Gesundheit, das Tierwohl und die Umwelt.

Günstig gut einkaufen: Bei Supersonderangeboten für Schnitzel und Kotelett oder Salami für wenige Euro das Kilo sollte man stutzig werden. Es ist davon auszugehen, dass das Fleisch nicht tiergerecht und nachhaltig erzeugt wurde. Auch kommen die Landwirte bei niedrigen Angebotspreisen nicht auf ihre Kosten. Gute Tierhaltung hat ihren Preis. Fleisch sollte höchstens ein- bis zweimal pro Woche gegessen werden. Nach der Planetary Health Diet (siehe Kapitel 2) sind rund 200 Gramm Geflügel und 100 Gramm Schwein oder Rind pro Woche akzeptabel. Das entspricht dem Konsumverhalten früherer Generationen nach dem Motto »Zurück zum Sonntagsbraten«. Es sollte nur Fleisch von Tieren aus regionaler (Bio-)Freiland- oder Offenstallhaltung gegessen werden. Am besten wird es bei einem Landwirt aus der Umgebung oder einem guten Metzger gekauft. Auch via Crowdbutching (siehe Kapitel 3) lässt sich hochwertiges Fleisch zu einem vertretbaren Preis erwerben.

! **Auch gut zu wissen:** Notwendig sind Fleisch und Wurst im Rahmen einer gesunden Ernährung nicht. Im Gegenteil, der Verzehr von rotem Fleisch, Schwein, Rind, Lamm und Ziege sowie verarbeitetem Fleisch fördert Erkrankungen. Er erhöht das Risiko für Schlaganfall, Herzerkrankungen, Dickdarm- und Brustkrebs sowie Diabetes Typ 2. Von Geflügelfleisch gehen diese Risiken nicht aus, doch Hähnchen und Co. werden oftmals mit Antibiotika behandelt.

Fleischalternativen erleichtern den Umstieg auf eine pflanzenbasierte Ernährung, denn die Produkte schmecken so ähnlich wie Scheiben- und Streichwurst, Schnitzel, Hack und Gyros und sehen auch so ähnlich aus. Für eine gesunde Ernährung nötig sind sie aber nicht. Rein pflanzliche Alternativen bestehen unter anderem aus Tofu, Erbsen- und Ackerbohneneiweiß, Weizengluten und Jackfrucht, vegetarische Alternativen enthalten oft Hühnereiweiß. Angeboten werden sie inzwischen nicht mehr nur in Bioläden und Reformhäusern, sondern auch bei Discountern und in Supermärkten.

Günstig gut einkaufen: Wie alle verarbeiteten Lebensmittel sind Fleischalternativen recht teuer. Bei Discountern sind sie jedoch tendenziell günstiger als in Biosupermärkten. Jedoch unterscheiden sie sich qualitativ deutlich. Nach einer Studie der Albert-Schweitzer-Stiftung, für die 80 vegetarische und vegane Fleischalternativen verglichen wurden, enthalten Bio-Alternativen im Durchschnitt nur einen Zusatzstoff pro Packung und keine Aromen. Konventionelle Fleischalternativen haben hingegen durchschnittlich 3,5 Zusatzstoffe pro Produkt in der Zutatenliste und werden oftmals mit Aromastoffen angereichert. Es ist also besser, ab und zu ein paar Cent mehr für gute Bio-Fleischalternativen auszugeben und davon weniger zu essen, als konventionellen Wurstersatz mit Zusatzstoffen zu kaufen.

Auch gut zu wissen: Fleischalternativen enthalten meist genauso viel Salz wie Wurst aus Fleisch. Sie punkten aber durch einen geringeren Fettgehalt und mehr gesunde ungesättigte Fettsäuren. Studien ergaben, dass sich bestimmte

Blutwerte, die ein Risiko für Herz-Kreislauf-Erkrankungen darstellen, bei Studienteilnehmern, die acht Wochen lang Fleischalternativen aßen, deutlich verbesserten. Sie nahmen auch etwas an Gewicht ab. Wer Fleischalternativen essen möchte, sollte also bio wählen und auf den Kalorien-, Fett- und Salzgehalt achten.

Fruchtsaft gibt es in (Bio-)Supermärkten und bei Discountern in riesiger Auswahl. Aber aufgepasst: Ein Großteil des fruchtigen Angebots in den Regalen ist kein reiner Fruchtsaft, sondern sogenannter Fruchtnektar oder ein Fruchtsaftgetränk. Beide enthalten viel zugesetzten Zucker und sollten darum nicht gekauft werden.

Günstig gut einkaufen: Am hochwertigsten ist »Direktsaft«. Dieser Saft wird direkt aus beispielsweise Äpfeln, Birnen, Orangen oder Trauben gepresst, kurz erhitzt und abgefüllt. Er ist gesünder als »Fruchtsaft« aus Fruchtsaftkonzentrat, denn im Zuge der Herstellung des Konzentrats geht ein Teil der Vitamine und Geschmacksstoffe verloren. Direktsäfte sind kaum teurer als Fruchtsäfte aus Konzentrat. Es gibt sie schon für kleines Geld im (Bio-)Supermarkt und beim Discounter.

Auch gut zu wissen: Fruchtsäfte enthalten zwar mit Ausnahme sehr saurer Sorten keinen Zuckerzusatz, aber sie liefern trotzdem viel Zucker beziehungsweise Fruchtzucker. Darum sollten Fruchtsäfte nur ab und zu und immer verdünnt mit Wasser im Verhältnis eins zu drei getrunken werden. Das bedeutet: Auf ein Teil Fruchtsaft kommen drei Teile Wasser.

Früchtetee ist ein toller Durstlöscher, ob kalt oder heiß getrunken. Angeboten werden zahlreiche Sorten, von Apfel- über Hibiskus- und Himbeer- bis hin zu Mangotee.

> **Günstig gut einkaufen:** Schon für wenige Cent gibt es einfache Früchtetees im Teebeutel, zum Beispiel Hibiskus- oder Apfeltee. Sie sind deutlich billiger als die vielen blumig beworbenen Tees mit Himbeere, Mango, Ananas oder Vanille. Diese enthalten oft nur ganz kleine Mengen an den genannten Früchten. Basis sind oft Apfelstückchen, die zusätzlich aromatisiert werden, ergab ein Produktcheck der Verbraucherzentrale Schleswig-Holstein. Die Tees erhalten ihren Geschmack also nicht primär aus den beworbenen Früchten, sondern durch zugesetzte Aromen. Manche Früchte-Instanttees enthalten zudem Zucker. Das ist schlecht für die Zähne.

Auch gut zu wissen: Aus Früchtetees lassen sich leckere Drinks für heiße Tage herstellen. Sie werden mit Wasser aufgegossen und nach dem Ziehen und Abkühlen mit Mineralwasser und frischen Kräutern wie Zitronenmelisse und Pfefferminze verfeinert. Sie sind eine erfrischende und zudem preiswerte Alternative zu teuren und zuckrigen Limonaden.

Gemüse ist ein wichtiger Teil der pflanzenbasierten Küche, egal, ob vegetarisch, rein pflanzlich oder auch Fleisch und Fisch gegessen wird. Es ist sehr gesund und sollte gemeinsam mit Obst die Hälfte des täglichen Essens auf dem Teller ausmachen.

Günstig gut einkaufen: Gemüse ist oft recht teuer. Aber das sollte niemanden davon abhalten, reichlich Grünzeug einzukaufen. Denn im Vergleich zu einer Ernährung mit viel Fleisch und anderen Lebensmitteln vom Tier ist eine vegetarische oder pflanzliche Ernährung unter dem Strich deutlich günstiger (siehe Kapitel 3). Vor allem, wenn à la Saison eingekauft wird, also zu Zeiten großer Angebotsmengen, kann Gemüse günstig erworben werden. Das ganze Jahr über gibt es diverse heimische Gemüsesorten, auch in den Wintermonaten. Da lässt sich aus zum Beispiel Grün-, Rot- und Wirsingkohl, Kürbis, Karotten, Feldsalat und Spinat Leckeres zubereiten. Ergänzt werden kann dies mit Basic-Tiefkühlgemüse wie Erbsen, Brokkoli, Spinat oder Blumenkohl.

Auch gut zu wissen: Besonders gesund ist es, wenn möglichst viele verschiedene Gemüsesorten gegessen werden, also bunt und gesund. Biogemüse ist die beste Wahl, weil es ohne Pestizide angebaut wird und oft auch aromatischer schmeckt. Gemüse aus dem Gewächshaus sollte gemieden werden, da die Erzeugung viel Energie verbraucht.

Getreideflocken sind die wohl wichtigste Zutat im Müsli. Vor allem Haferflocken gelten als besonders gesund. Sie enthalten Ballaststoffe, die Blutzucker und Cholesterin senken und den Darmbakterien schmecken. Aber auch andere Flocken sind gesundheitsfördernd. Da jedes Getreide seine Vorzüge hat, ist es gut, die Sorten abzuwechseln oder sie zu mischen.

Günstig gut einkaufen: Zwar ist das Angebot an fertig gemischten Müslis, Flockenmischungen, Crunchys und Flakes in Supermärkten und bei Discountern riesig. Doch sie sind je Kilo stets teurer als einfache Flocken. Werden Hafer- oder Dinkelflocken selbst mit Nüssen und Rosinen gemischt, entlastet das also deutlich das Portemonnaie. Auch wer Porridge, also Getreidebrei, mag, benötigt keine teuren Fertigprodukte. Feine Hafer- oder Dinkelflocken (auf der Packung steht »Kleinblatt«, »fein« oder »zart«) lösen sich in Wasser oder Pflanzendrink sehr gut auf und werden zu einem sämigen Brei. Flakes und Co. enthalten oft viel Zucker, konventionelle Produkte sind meist mit Vitaminen und Mineralstoffen angereichert. Doch das ist nicht nötig.

Auch gut zu wissen: Wer Müsli nicht gewohnt ist, sollte mit feinen Haferflocken starten, die meist besser bekömmlich sind als grobe Flocken. Die Bekömmlichkeit verbessert sich zudem, wenn das Getreide über Nacht in Wasser eingeweicht wird. Auch die enthaltenen Mineralstoffe und Spurenelemente sind dann für den Körper besser verfügbar. Kindern kann man Müsli schmackhaft machen, indem einige Flakes oder Pops (ohne Zucker) über die Flocken gegeben werden. Das knuspert schön und das Müsli wird dann meist lieber gegessen.

Gemüsebrühe ist eine schöne Grundlage für Suppen, Saucen und Gemüsegerichte. Allerdings sind viele Gemüsebrühen ihr Geld nicht wert, da sie vor allem Salz enthalten.

Günstig gut einkaufen: Eine gute Brühe mit hohem Gemüseanteil aus dem Glas ist teuer. Man erkennt sie daran, dass an erster Stelle der Zutatenliste »Gemüse« steht und nicht »Salz« oder »Maltodextrin«. Noch preiswerter ist es, Gemüsebrühe selbst zu machen (siehe auch Seite 236 f.). Benötigt werden nur zum Beispiel Karotten, Sellerie und Lauch. Sie werden klein geschnitten, in der Pfanne oder im Topf angeschmort und mit wenig Salz und vielen Kräutern gewürzt. Dann kommt Wasser dazu und alles köchelt etwa zwei Stunden. Für Würze sorgen einige Hefeflocken. Das Gemüse wird schließlich abgeseiht, die Brühe in saubere Gläser mit Twist-off-Deckel gefüllt. Sie hält sich im Kühlschrank einige Wochen. Alternativ friert man sie ein.

Auch gut zu wissen: Instantbrühen enthalten oft viel Maltodextrin, eine Zuckerart. Im Zuge der Herstellung werden Gemüse- und Gewürzextrakte auf das Maltodextrin aufgesprüht und bleiben daran haften. So lässt sich alles am einfachsten verarbeiten und portionieren. Wie Salz ist Maltodextrin eine billige Zutat, die oft an erster Stelle der Zutatenliste steht.

Getränke können dann ein großes Loch ins Portemonnaie – und in die Zähne – reißen, wenn häufig fertige Getränke wie zuckerreiche Limonaden, Cola und Mischgetränke getrunken werden. Günstiger sind selbst gemachte Getränke.

Günstig gut einkaufen: Am preiswertesten sind kalorienfreie Getränke wie Mineralwasser, Kräuter- und Früchtetees. Auch schwarzer Tee und Kaffee in Maßen, also wenige Tassen am Tag, sind akzeptabel. Wer es süß und fruchtig mag, kann Saftschorlen selbst herstellen. Dafür wird ein Teil Direktsaft (siehe Seite 140) mit drei Teilen Wasser gemischt. Selbst gemachte Getränke kosten nur einen Bruchteil der Saftschorlen, Limonaden, Mategetränke und Softdrinks aus dem Laden.

Auch gut zu wissen: Am Tag sollten mindestens 1,5 Liter getrunken werden. Limos, Cola, Saftschorlen, Teegetränke und Energydrinks sind aber keine dafür geeigneten Getränke. Denn sie sind teuer und enthalten viel Zucker, umstrittene Süßstoffe, zugesetzte Aromen und Farbstoffe. Vor allem für Kinder sind sie nicht geeignet. In Softdrinks finden sich oftmals auch Phosphate. Sie machen die Knochen brüchig und es gibt Hinweise, dass eine hohe Phosphatzufuhr das Risiko für Herz-Kreislauf-Erkrankungen erhöht. Für Nierenkranke sind phosphathaltige Getränke und Lebensmittel tabu, da sie die Nieren belasten.

Getreideprodukte wie Reis, Nudeln, Müsli und Mehl spielen in der pflanzenbasierten Küche eine große Rolle. Knapp ein Viertel der täglichen Speisen sollten Getreideprodukte sein.

Günstig gut einkaufen: Getreideprodukte gibt es als Biovariante inzwischen in jedem Supermarkt. Sie sind kaum teurer als konventionelle Markenprodukte. Kilopackungen sind oft günstiger als kleine Tüten mit 250 oder 500 Gramm, jedoch ist immer der Vergleich der Kilopreise entscheidend. Bio zu bevorzugen, ist wichtig. Nach einer Studie der Verbraucherorganisation Foodwatch weist ein Drittel der unverarbeiteten Getreideprodukte sowie Brot und Haferflocken Rückstände von giftigen Pestiziden auf. In den 837 belasteten Produkten wurden 65 verschiedene chemische Pflanzenschutzmittel gefunden. Für Bioprodukte sind giftige Pflanzenschutzmittel verboten.

Auch gut zu wissen: Am gesündesten ist Vollkorn, also Naturreis, Vollkornnudeln und -mehl. Sie enthalten deutlich mehr B-Vitamine, durch viele Ballaststoffe halten sie den Darm gesund und machen länger satt. Vollkornreis enthält jedoch fast immer Schwermetalle wie Arsen und teils auch Kadmium, wie ÖKO-Tests immer wieder zeigen. Da nicht alle Marken gleichermaßen betroffen sind, ist es ratsam, Tests zu lesen und immer wieder die Marke zu wechseln. Wer Vollkorn nicht gewohnt ist oder nicht verträgt, kann anfangs helle mit dunklen Varianten mischen und den Vollkornanteil peu à peu erhöhen. Auch wer Vollkorn nicht mag, kann sich so langsam daran gewöhnen. Hirse, Bulgur, Couscous und Maisgrieß (Polenta) zählen auch zu den Getreideprodukten.

Gewürze bereichern Speisen geschmacklich und regen die Verdauung an. Eine gute Auswahl an Gewürzen sollte darum in keiner Küche fehlen.

> **Günstig gut einkaufen:** Gute aromatische Gewürze sind etwas teurer als preiswerte Sorten, die oft wenig geschmackvoll sind. Doch von aromareichen Produkten benötigt man weniger, sodass der höhere Preis nicht so sehr ins Gewicht fällt. Einzelgewürze wie Oregano, Dill, Thymian, Kurkuma und Kreuzkümmel sind preiswerter als die heute oft angebotenen speziellen Gewürzmischungen für zum Beispiel Wokgerichte, Bratkartoffeln und Fisch. Jedoch sind die Mischungen eine gute Hilfe, wenn es beim Kochen schnell gehen muss. Von daher ist es gut, beides in der Küche zu haben. Solo-Gewürze kommen zum Zuge, wenn Zeit fürs Kochen ist, Gewürzmischungen lassen sich dann einsetzen, wenn die Zeit knapp ist.

Auch gut zu wissen: Bei den Gewürzmischungen punkten Biosorten, da sie keine zugesetzten Aromen und Geschmacksverstärker wie das umstrittene Mononatriumglutamat enthalten.

Glutenfreie Lebensmittel

wie Brot, Brötchen, Getreideflocken, Nudeln, Kuchen und Kekse sind für Menschen gedacht, die unter der Darmkrankheit Zöliakie leiden und keinesfalls Gluten zu sich nehmen dürfen. Für sie sind die Produkte eine Bereicherung des Speiseplans. Die Produkte werden aber auch zunehmend von Menschen verwendet, die nicht unter Zöliakie leiden. Sie vertragen Gluten einfach nicht und meiden es deshalb.

Günstig gut einkaufen: Explizit als »glutenfrei« ausgelobte Lebensmittel sind wesentlich teurer als die vergleichbaren »normalen« Varianten. Wer kein Gluten essen darf oder möchte, fährt günstiger, wenn spezielle glutenfreie Produkte gemieden werden. Stattdessen können Flocken, Mehl und Müsli verwendet werden, die von Natur aus glutenfrei sind. Dazu zählen alle Pseudogetreide (siehe Seite 176) wie Buchweizen, Quinoa und Amaranth, aber auch die Getreidesorten Hirse, Reis und glutenfreier Hafer. Hafer ist allerdings nur dann glutenfrei, wenn dies explizit ausgelobt wird und auf der Packung das Glutenfrei-Logo zu sehen ist – zwei gekreuzte Ähren auf orangefarbenem Grund. Zum Backen von Brot, Brötchen und Kuchen sind glutenfreie Mehle nur bedingt geeignet. Damit der Teig aufgeht und Bindung erhält, wird Gluten benötigt, auch Klebereiweiß genannt. Glutenfreie Brote oder Kuchen enthalten darum verschiedene Verdickungsmittel und Flohsamenschalen, die dem Brotteig Bindung und Volumen geben. Aus glutenfreien Haferflocken, Sonnenblumen- und Kürbiskernen sowie Leinsamen lässt sich aber auch ein leckeres glutenfreies Brot backen, ganz ohne Zusatzstoffe (siehe Rezept auf Seite 208).

Auch gut zu wissen: Wer nachweislich nicht unter Zöliakie leidet, aber Gluten trotzdem meiden möchte, kann versuchen, ob kleine Mengen an Dinkel, Emmer und Einkorn vertragen werden. Das sind »alte« Getreidesorten, die manchmal besser vertragen werden.

Honig ist eins der natürlichsten Lebensmittel überhaupt, denn es wird komplett von Bienen ohne weitere Zutaten erzeugt. Honig ist auch gesund. Er enthält zahlreiche Enzyme, hat eine antibakterielle Wirkung, schützt somit vor Erkältungskrankheiten und kann auch die Wundheilung unterstützen. Jedoch enthält er viel Fruchtzucker. Darum sollte Honig nur in kleinen Mengen gegessen werden.

Günstig gut einkaufen: Honig aus Deutschland ist meist etwas teurer als importierter Honig, der aus Argentinien, Mexiko, der Ukraine und China eingeführt wird. Auch Biohonig kostet meist mehr. Jedoch lohnt es sich, heimischen Biohonig zu kaufen. Denn so ist das Risiko gering, dass er Rückstände von gentechnisch manipulierten Pflanzen (GVO) enthält und Pflanzenschutzmittel den Appetit verderben. Er wird auch nicht extra erhitzt, was wichtig ist, da bei hohen Temperaturen gesunde Enzyme inaktiviert werden. Dafür steht auch Honig, der die grüne Banderole des Deutschen Imkerbundes träg. Er erreicht im Zuge der Herstellung keine Temperaturen über 40 Grad. Das ist die Temperatur, die beim Schleudern erreicht wird.

Auch gut zu wissen: Eine Garantie, dass Biohonig ohne Rückstände von Pflanzenschutzmitteln ist, gibt es nicht. Der Radius, in dem Bienen Nektar sammeln dürfen, ohne dass sie in Kontakt mit gespritzten Pflanzen kommen, beträgt nach der EU-Öko-Verordnung drei Kilometer. Doch Bienen fliegen teils bis zu zehn Kilometer weit, um Nektar zu sammeln, und können so auch in weiter weg liegende Gebiete gelangen. ÖKO-TEST und Stiftung Warentest untersuchen regelmäßig Honig. Hier lässt sich nachlesen, welche Honige in Bezug auf GVO, Pestizide und Rückstände von Arzneien empfehlenswert sind und welche nicht. Es gibt immer empfehlenswerte bezahlbare Produkte.

Hülsenfrüchte sind erst in den vergangenen Jahren wieder mehr ins Bewusstsein gerückt. Zuvor beschränkte sich der Konsum auf einzelne Gerichte wie Linsen- und Erbsensuppe. Im Zuge der pflanzenbasierten Ernährung rücken Hülsenfrüchte wieder stärker ins Bewusstsein. Burgerpattys werden aus Bohnen hergestellt, Asia-Pfannen werden mit roten Linsen gekocht und Brotaufstriche wie der beliebte Hummus enthalten vor allem Kichererbsen. 75 Gramm Hülsenfrüchte sollten am Tag gegessen werden. Hülsenfrüchte enthalten viel und hochwertiges Eiweiß, verschiedene Vitamine und Mineralstoffe und Ballaststoffe.

Günstig gut einkaufen: Am billigsten sind Erbsen, Bohnen, Linsen und Kichererbsen, wenn sie als Trockenprodukte gekauft und selbst zubereitet werden. Dafür müssen sie einige Stunden lang eingeweicht und, mit Ausnahme von roten Linsen, mindestens eine Stunde gekocht werden und noch etwas ziehen. Hülsenfrüchte enthalten das giftige Phasin, das erst durch Kochen inaktiviert wird. So erst werden sie verdaulich. Hülsenfrüchte aus dem Glas sind zwar etwas teurer als getrocknete Hülsenfrüchte, aber es fallen kaum Energiekosten beim Kochen an, da sie schon fix und fertig sind. Zudem sind sie sofort verwendbar, was gut ist, wenn es schnell gehen muss. Eine gute Möglichkeit, getrocknete Hülsenfrüchte zu verwenden, ist das Kochen mit roten Linsen. Sie sind geschält, müssen nicht eingeweicht werden und sind nach circa 15 Minuten gar.

! Auch gut zu wissen: Wer Hülsenfrüchte nicht gewohnt ist, sollte sie erst einmal in kleinen Portionen in den Speiseplan aufnehmen und so die Verträglichkeit langsam steigern. Gegarte Bohnen oder Kichererbsen aus dem Glas sind etwas bekömmlicher als selbst zubereitete. Auch Nudeln und Mehl aus Hülsenfrüchten, die es inzwischen in jedem Supermarkt gibt, werden in der Regel gut vertragen. Sollen Hülsenfrüchte selbst zubereitet werden, müssen sie über Nacht, also bis zu zehn Stunden, eingeweicht werden. Anschließend sollten sie eine Stunde kochen und dann noch mal so lange im Kochwasser nachquellen. Auch durch Keimen zu Sprossen wird die Verdaulichkeit verbessert.

Kakaopulver: Die meisten Kakaopulver enthalten mehr Zucker als Kakao. Konventionelle Kakaos werden zudem mit Vitaminen und Mineralstoffen angereichert, um dem Getränk einen gesunden Anstrich zu verleihen. Wirklich gesund ist nur »echter« Kakao, der allerdings bitter ist und noch ein wenig Zucker oder Honig benötigt, um genießbar zu sein. Im Supermarkt findet man ihn meist bei den Backzutaten, nicht im Kakaoregal.

> **Günstig gut einkaufen:** Wer Kakao mag, ist am besten mit »echtem« Kakaopulver bedient, denn es enthält keinerlei Zucker und ist schon für etwa einen Euro je 100 Gramm Pulver zu haben. Biokakao ist nur wenige Cent teurer, sodass er auch mit kleinem Geldbeutel erworben werden kann. Für Kinder ist »echter« Kakao, der selbst angerührt und nach Gusto gesüßt wird, eine gesunde Alternative. Instantkakaopulver ist deutlich teurer und qualitativ schlechter, denn man bezahlt primär Zucker und zugesetzte Vitamine und Mineralstoffe, nicht Kakao.

! **Auch gut zu wissen:** Es gibt verschiedene fair erzeugte Kakaos, die an einem Fair-Label erkennbar sind (siehe Kapitel 9). Sie sollten bevorzugt werden, denn der geringe Mehrpreis garantiert, dass die Erzeuger einen fairen Preis für ihre Kakaobohnen erhalten, ausbeuterische Kinderarbeit ist nicht erlaubt. Gerade im Kakaoanbau ist viel Kinderarbeit im Spiel. Schon ganz kleine Kinder müssen giftige Pflanzenschutzmittel ausbringen, statt zur Schule zu gehen. Nach einer Studie der Nichtregierungsorganisation INKOTA hantieren 24 Prozent der arbeitenden Kinder in Ghana und Côte d'Ivoire – den Hauptanbauländern für afrikanische Kakaobohnen – mit giftigen Pestiziden. Sie arbeiten auch mit gefährlichen Werkzeugen, etwa Macheten, schleppen viele schwere Kakaosäcke und ackern bei der Waldrodung. Durch den Kauf von Fair-Kakaos kann man dem entgegenwirken.

Kaffee ist heute, anders als früher, kein Luxuslebensmittel mehr. Schon für wenige Euro ist ein Pfund Kaffee im Supermarkt erhältlich. Allerdings ist auch Kaffee in den letzten Jahren deutlich teurer geworden.

Günstig gut einkaufen: Biokaffee ist nicht unbedingt teurer als konventioneller Kaffee. Vor allem Biosupermärkte und Drogerien, die eigene Biomarken führen, bieten meist sehr gute Biokaffees zum akzeptablen Preis an. Biokaffee ist meist deutlich hochwertiger als konventioneller. Zum einen werden die Kaffeekirschen, die die wertvollen Kaffeebohnen enthalten, ohne Gifte angebaut. Zudem werden die Bohnen meist deutlich schonender geröstet. Langzeittrommelröstung nennt sich das sanfte Rösten bei niedrigen Temperaturen. Dabei wirbeln die Bohnen bei rund 210 Grad Celsius wenige Minuten in einem Trommelröster und werden somit gleichmäßig geröstet. Hierbei wird auch Chlorogensäure abgebaut, eine Säure im Kaffee, die viele Menschen nicht vertragen. Die Bohnen für konventionelle Kaffees werden hingegen oft bei etwa 800 Grad Celsius in wenigen Sekunden »turbo«-geröstet. Die unerwünschte Chlorogensäure wird dabei nur unvollständig abgebaut, der Kaffee ist schlechter bekömmlich. Wegen der hohen Temperaturen verbrennen die Bohnen auch teils von außen, von innen sind sie aber nicht richtig durchgeröstet – was bittere, fade Kaffees ergibt.

! **Auch gut zu wissen:** Werden Kaffeebohnen schonend geröstet, trägt die Kaffeetüte in der Regel den Hinweis »aus Langzeittrommelröstung«. Beim Einkauf ist es wie beim Kakao gut, sich an Fair-Siegeln zu orientieren. Dahinter stehen in der Regel kleinbäuerliche Kooperativen, deren Bauern einen angemessenen Preis für ihre Ernte erhalten. Die Menschen haben Zugang zu medizinischer Versorgung und Kinder können zur Schule gehen.

Käse ist hierzulande beliebt. Jeder Deutsche isst rund zwei Kilo Hartkäse im Jahr, also Edamer, Appenzeller, Gruyère und Co. Dazu kommen Weich- und Frischkäse. Die Qual der Wahl haben Konsument*innen hierzulande zwischen etwa 150 Käsesorten. Weltweit werden rund 5000 verschiedene Sorten angeboten.

Günstig gut einkaufen: Käse gibt es in einer großen preislichen Spanne zwischen etwa 1,50 Euro und vier bis fünf Euro je 100 Gramm. Preiswerte Käse werden meist aus konventioneller Milch hergestellt und reifen im Schnellverfahren, das heißt, sie sind in wenigen Wochen fertig. Hochpreisige Sorten reifen länger, oft jahrelang, und entwickeln dann ein intensives Aroma. Sie sind aus Bio- oder konventioneller Milch, teils wird Roh- und Heumilch verwendet, also nicht erhitzte Milch aus Grasfütterung. Käse ist ein Lebensmittel, das man sich aus ökologischen Gründen nur in ganz kleinen Mengen schmecken lassen sollte. Denn die Herstellung ist aufwendig. Kühe müssen mithilfe von viel pflanzlichem Futter erst Milch produzieren, aus der schließlich Käse wird. Für ein Kilo Hartkäse werden etwa zehn Liter Milch benötigt. Werden nur kleine Mengen an Käse konsumiert, ist es möglich, sich für einen guten, etwas teureren Käse in Bioqualität zu entscheiden.

Auch gut zu wissen: Um Milch für Käse, Joghurt und Quark zur Verfügung zu haben, muss eine Milchkuh regelmäßig ein Kälbchen kriegen. Denn ohne Kalb keine Milch. Damit die Milch für Käse und Co. verwendet werden kann, werden Kälbchen und Mutterkuh meist direkt nach der Geburt getrennt und das Kalb in einem Kälberiglu aufgezogen. Weibliche Kälber können teils auf dem Hof bleiben, männliche Kälber werden in der Regel mit vier Wochen an einen Mäster verkauft. Teils werden die Kälber dafür in andere Länder wie Spanien, Marokko und die Niederlande transportiert, oft stundenlang unter fragwürdigen Bedingungen. 640 000 männliche Kälber werden im Jahr aus Deutschland in andere Länder exportiert. Sie sind dann gerade mal 28 Tage alt. Das ist nicht tiergerecht.

Käsealternativen gibt es wie Fleischalternativen in immer größerer Auswahl. Selbst Discounter führen sie inzwischen. Käsealternativen bestehen meist aus Kokosöl und Stärke, teils aber auch aus Cashewkernen, Mandeln oder Reis. Weil sie wenig Eigengeschmack haben, werden Käsealternativen oft aromatisiert.

Günstig gesund einkaufen: Käsealternativen aus Kokosfett sind im Supermarkt und Discounter etwa genauso teuer wie ein Gouda aus Kuhmilch. Alternativen aus Cashewkernen, Mandeln, Lupinen und Erbsen kosten hingegen deutlich mehr und werden überwiegend in Bioläden angeboten. Aus gesundheitlicher Sicht sind Käsealternativen nicht nötig. Doch wie auch Fleischalternativen erleichtern sie den Umstieg auf eine pflanzenbasierte Ernährung.

! Auch gut zu wissen: Käsealternativen sind vom Nährwert her etwas anderes als Kuhmilchkäse. Die Alternativen aus Kokosfett enthalten viele ungünstige gesättigte Fettsäuren und deutlich weniger Eiweiß und Kalzium, Vitamin B_2 und Vitamin B_{12}. Darum werden die Vitamine teils zugesetzt. Alternativen aus Cashewkernen oder Nüssen sind gesünder, denn sie liefern ungesättigte Fettsäuren. Besonders lecker und »echtem« Weichkäse am nächsten kommen Käsealternativen aus Cashewkernen. Sie werden, wie Käse aus Kuhmilch, mithilfe von Milchsäurebakterien fermentiert.

NUR KEIN STRESS!

SCHRITT FÜR SCHRITT ZUM GÜNSTIGEN, GESUNDEN UND NACHHALTIGEN EINKAUF.

Günstig, nachhaltig und gesund einkaufen, das klingt nach der Quadratur des Kreises. Doch das ist es nicht. Der Einkauf muss nur ein wenig umgestaltet werden. Vom Grundsatz geht das so: Pflanzliche Lebensmittel wie Gemüse, Obst, Kartoffeln, Hülsenfrüchte und Nüsse landen möglichst immer im Einkaufswagen, tierische Produkte wie Fleisch, Käse, Milch und Butter nur ab und zu.

- Wer bisher beim Einkauf vor allem auf den Preis, aber nicht so sehr auf Gesundheit und Nachhaltigkeit geachtet hat, sollte sich Zeit lassen. Zu viel auf einmal ändern zu wollen, kann leicht im Frust enden.

- Besorgen Sie sich als Erstes einen Saisonkalender (siehe Literaturtipps im Anhang). Dort lässt sich nachgucken, welches Gemüse und Obst gerade Saison hat. Dieses Grünzeug ist oft viel preiswerter als von fern importierte Produkte. Achten Sie dennoch auf den Kilopreis!

- Starten Sie mit dem Einkauf einiger Basics wie Kartoffeln, Karotten, Äpfel, Haferflocken, Vollkornnudeln, Margarine und Pflanzendrinks in Bioqualität. Sie sind entweder genauso teuer oder ein wenig teurer als die vergleichbaren konventionellen beziehungsweise tierischen Produkte.

- Wenn sich dies eingependelt hat, kommen weitere pflanzliche Biolebensmittel wie Hülsenfrüchte (Linsen, Kichererbsen), Vollkornreis, Nüsse und Samen (Sesam, Leinsamen) sowie Vollkornbrot dazu. Da sie teils teurer sind als vergleichsweise konventionelle Produkte, muss an anderer Stelle gespart werden. Das klappt am besten, indem der Konsum tierischer Lebensmittel wie Käse, Quark, Joghurt und Butter zurückgefahren wird. Stattdessen gibt es Tofu, Pflanzendrinks, Gemüse und Obst.

• Im nächsten Schritt werden Fertigprodukte aufgebraucht und durch Halbfertigprodukte ersetzt, mit denen sich schnell etwas kochen lässt. Passierte Tomatensauce und rote Linsen kommen statt der fertigen Bolognese mit Fleisch in den Vorratsschrank, außerdem vorgebackene Pizzaböden, Gemüse und ein kleines Glas Pesto statt der Tiefkühlpizza mit Salami oder Thunfisch.

• Bei beruflichen oder privaten Reisen wandern eine Box mit Sandwiches und eine Thermoskanne mit Kaffee oder Tee in die Reisetasche. Auch ein kalter Salat im Glas oder eine Suppe in der Thermobox sind leckere Begleiter. So muss nicht teuer am Bahnhof eingekauft werden.

• Und so geht es weiter: Der etwas höhere Preis für Bioprodukte wird stets ins wöchentliche Budget eingeplant. Immer wieder wird geprüft, wo an anderer Stelle gespart werden kann: Fleisch, Wurst, Genussmittel wie Schokolade, pikante Knabbereien und der Kaffee to go werden zur Ausnahme. Das ist gut für die Gesundheit und die Umwelt und rechnet sich.

• Wollen Sie konventionelle Fertigprodukte kaufen, wählen Sie solche, die nicht oder nur wenig verarbeitet sind und keine Zusatzstoffe enthalten.

Kartoffeln sind lecker und gesund. Rund 170 Sorten gibt es hierzulande. Täglich kann man sich eine Portion von zwei bis drei Stück schmecken lassen, also etwa 250 bis 300 Gramm.

Günstig gut einkaufen: Kartoffeln gibt es auch in Bioqualität recht günstig zu kaufen. Heimische Kartoffeln sind preislich deutlich günstiger als Frühkartoffeln, die oft aus Ägypten, Israel oder Spanien importiert werden. Kartoffeln »von hier« zu verwenden, ist auch ökologischer, da weite Wege vermieden werden. Der Anbau in fernen Ländern benötigt meist viel Wasser, das den Menschen vor Ort nicht zur Verfügung steht. Das ist nicht fair.

Auch gut zu wissen: Kartoffeln aus konventionellem Anbau werden in der Regel mit giftigen Keimhemmstoffen behandelt, damit sie nicht auskeimen. Ihre Schale sollte darum nicht mitgegessen werden. Bei Biokartoffeln ist die Behandlung mit Keimhemmstoffen verboten.

Ketchup ist wohl aus keiner Küche wegzudenken, denn Kinder wie Erwachsene lieben ihn. Gerade deshalb ist es wichtig, guten Ketchup zu kaufen. Doch viele Ketchups enthalten viel Zucker, im Schnitt sind um die 20 Gramm Zucker in 100 Gramm Ketchup enthalten.

Günstig gut einkaufen: Die wichtigste Zutat eines Ketchups sind Tomaten und Tomatenmark. Produkte mit hohem Tomatenanteil sind teurer als die mit einem geringen Anteil. Dafür benötigt man von den tomatigen Ketchups weniger, da sie intensiver nach Tomate schmecken. Sie sind auch gesünder, denn sie enthalten weniger Zucker als billige Sorten und mehr Lycopin, eine herzgesunde Substanz. In der Zutatenliste wird der Anteil an Tomaten beziehungsweise Tomatenmark meist angegeben.

Auch gut zu wissen: Bio-Ketchups enthalten zwar oft weniger Zucker als konventionelle. Doch auch sie sollten sparsam verwendet werden. Denn Zucker oder andere Süßungsmittel sowie Salz sind immer darin.

Kokosmilch ist aus der vegetarischen und veganen Küche nicht wegzudenken. Jedoch kommen die Kokosnüsse aus Asien, haben also einen weiten Weg hinter sich; der Transport geht mit einer enormen Umweltbelastung einher. Darum sollte man sich Kokosmilch nur ab und zu schmecken lassen.

Günstig gut einkaufen: Preiswert ist Kokosmilch nicht. Da sie sehr aromatisch schmeckt, reicht jedoch ein Schuss an das jeweilige Gericht. So lässt sich eine Dose für zwei bis drei Gerichte verwenden. Kokosmilch liefert rund 20 Gramm Fett je 100 Milliliter und ist damit relativ fettreich. Zudem liefert sie vor allem die weniger gesunden gesättigten Fettsäuren. Auch darum macht es Sinn, Kokosmilch sparsam zu verwenden. Übrig gebliebene Kokosmilch sollte aus der Dose möglichst in ein Glas umgefüllt werden, um zu verhindern, dass Schadstoffe aus der Dose in die Kokosmilch übergehen. Sie muss innerhalb weniger Tage aufgebraucht werden.

! Auch gut zu wissen: Kokosmilch hat eine dickflüssige Konsistenz. Oft werden ihr Verdickungsmittel und Emulgatoren zugesetzt, damit sich Fett und Wasser nicht entmischen. Biokokosmilch kommt meist ohne diese Zusatzstoffe aus, muss jedoch vor dem Gebrauch gut geschüttelt werden.

Kräutertee ist zuckerfrei und damit ein ideales Getränk, um den Flüssigkeitsbedarf von etwa 1,5 Litern am Tag zu decken. Es gibt diverse Sorten, die eine anregende, beruhigende oder die Verdauung unterstützende Wirkung haben. Gut ist es, die Teesorte immer mal zu wechseln, um in den Genuss verschiedener Wirkungen zu kommen.

> **Günstig gut einkaufen:** Kräutertee ist ein recht preiswertes Getränk und damit besser für die Deckung des Flüssigkeitsbedarfs geeignet als Saftschorlen und Mineralwasser. Lose Kräutertees sind in der Regel teurer als Teebeutel. Es lohnt sich jedoch, auf den Preis je Kilo zu achten, denn es gibt auch günstige lose Tees.

! Auch gut zu wissen: Kräutertees werden wie auch Früchtetees teils aromatisiert. Meist werden sogenannte natürliche Aromen eingesetzt, die im Labor mithilfe von Bakterien, Hefen und Schimmelpilzen aus pflanzlichen und tierischen Rohstoffen gewonnen werden. Aromatisierte Tees schmecken viel intensiver als nicht aromatisierte – und haben dadurch etwas Künstliches. Vor allem Kinder sollten den echten Geschmack von Lebensmitteln kennenlernen, keine aromatisierten Produkte. Für sie eignen sich darum am besten Tees ohne Aromastoffe.

Margarine ist ein wichtiges Lebensmittel in der pflanzenbasierten Küche. Sie enthält meist Palmöl, teils aber auch Raps- und Sonnenblumenöl und damit auch ungesättigte Fettsäuren, die gesundheitlich empfehlenswert sind. Allerdings ist die klassische Margarine etwas anderes als die neuen veganen Fettblocks, die auch als »vegane Butter« bezeichnet werden. Diese bestehen vor allem aus Palm- und Kokosfett oder Sheabutter, liefern also viele gesättigte Fette. Geschmacklich und von der Konsistenz her sind vegane Fettblocks der Butter ähnlicher als Margarine.

Günstig gut einkaufen: Margarine und vegane Butter sind meist preiswerter als klassische Butter, die wie alle tierischen Lebensmittel deutliche Preissteigerungen erfahren hat. Jedoch gibt es auch hochpreisige vegane Butter, sodass wiederum der Kilopreis eine gute Orientierung bietet.

Auch gut zu wissen: Bevorzugen Sie Margarine und vegane Butter mit Bio-Label. Biomargarine wird nicht gehärtet, um sie streichfähig zu machen. Darum enthält sie in der Regel keine ungesunden Transfette, die wiederum bei der Fetthärtung entstehen. Transfette können Herz-Kreislauf-Erkrankungen und Allergien begünstigen. Biomargarine enthält nachhaltig erzeugtes Palmfett, der Anbau erfolgt ohne Raubbau an der Natur und ohne Umweltschäden (siehe Kapitel 2). Margarine mit dem sogenannten RSPO-Label enthält Palmfett aus nachhaltigem Anbau. Die Abkürzung steht für »Roundtable on Sustainable Palm Oil«. Es ist ein Zusammenschluss von verschiedenen in die Produktion von Palmöl involvierte Unternehmen und Umweltverbände. »RSPO ist kein

Öko-Label. Es signalisiert, dass auf den Plantagen freiwillig mehr für Naturschutz und Menschenrechte getan wird als gesetzlich vorgeschrieben. Was zunächst nach nicht viel klingt, ist in vielen Entwicklungs- und Schwellenländern wie Indonesien und Malaysia ein wichtiger Schritt«, erklärt die Umweltstiftung WWF.

Marmelade ist vom Frühstückstisch nicht wegzudenken. Darum sollte sie möglichst viel Frucht und möglichst wenig Zucker enthalten.

Günstig gut einkaufen: Marmelade wird oft schon für gut einen Euro je Glas angeboten. Doch herkömmliche Konfitüren enthalten wenig Frucht und viel Zucker. Rechtlich gesehen muss Konfitüre nur bis höchstens 35 Prozent Frucht enthalten, der Rest kann Zucker sein. »Konfitüre Extra« muss mindestens 45 Prozent Frucht in sich haben, hat aber also auch noch circa 55 Gramm Zucker in sich. Meist gibt man also Geld vor allem für Zucker statt für Frucht aus. Mehr Frucht enthalten sogenannte Fruchtaufstriche mit bis zu 80 Prozent Obst. Sie sind zwar teurer als Konfitüre, doch man verwendet davon meist weniger, da sie intensiver nach Frucht schmecken.

Auch gut zu wissen: Fruchtaufstriche sind nicht so lange haltbar wie Konfitüre, da sie weniger konservierenden Zucker enthalten. Sie müssen darum innerhalb weniger Tage verbraucht werden. Außerdem ist es wichtig, dafür immer einen sauberen Löffel zu verwenden und sie im Kühlschrank aufzubewahren. Aber Achtung: Manchmal enthalten (konventionelle) Fruchtaufstriche Konservierungsstoffe. Sie sollen die Haltbarkeit verlängern. In der Zutatenliste von Marmelade und Fruchtaufstrich ist oft auch Zitronensäure (E 330) angegeben, die verhindert, dass die Konfitüre an Farbe verliert, also einen Graustich bekommt. Zitronensäure ist ungünstig, da sie den Zahnschmelz angreift und somit Erosionen an den Zähnen fördert. Darum besser süße Aufstriche ohne E 330 oder mit einem Zusatz an Zitronensaft kaufen. Wer Marmelade selber kocht, isst ohne Zusatzstoffe.

Milch und Milchprodukte sind gute Quellen für den Knochenstoff Kalzium und enthalten hochwertiges Eiweiß. Dennoch sollten sie aus ökologischen Gründen möglichst nur in kleinen Mengen auf den Tisch kommen. Nach der Planetary Health Diet können pro Person 250 Gramm Milchprodukte am Tag gegessen werden. Diese Menge beinhaltet sowohl Milch als auch Käse und Joghurt.

Günstig gut einkaufen: Je stärker Milchprodukte verarbeitet sind, umso teurer sind sie tendenziell. Käse kostet je 100 Gramm also mehr als vergleichsweise ein Liter Milch. Schließlich werden rund zehn Liter Milch benötigt, um ein Kilo Käse herzustellen. Biomilchprodukte sind zudem meist etwas teurer als preiswerte konventionelle Milchprodukte. Zwischen Biomilchprodukten und konventionellen Milch-Markenprodukten ist der Preisunterschied jedoch gering.

Auch gut zu wissen: Biomilchprodukte liefern tendenziell mehr Omega-3-Fettsäuren als konventionelle, da Biokühe einen Teil des Jahres auf der Weide gehalten werden müssen und Gras fressen. Dadurch erhöht sich der Gehalt an Omega-3-Fettsäuren in der Milch. Auf seine Kosten kommt also, wer seltener und dafür gute Biomilchprodukte kauft.

Mineralwasser ist ein prima Durstlöscher, nicht nur an heißen Tagen. Ob mit oder ohne Kohlensäure, es eignet sich gut dafür, die tägliche Empfehlung für die Flüssigkeitszufuhr über Getränke von etwa 1,5 Litern zu decken.

Günstig gut einkaufen: Gutes Mineralwasser gibt es schon für wenige Cent die Flasche. Das zeigen Untersuchungen von Stiftung Warentest und ÖKO-TEST, die regelmäßig Mineralwasser unter die Lupe nehmen. Mineralwasser in PET-Flaschen ist zudem meist billiger als das in Mehrweg-Glasflaschen. Jedoch zeigen Untersuchungen, dass Schadstoffe aus der Verpackung ins Wasser übergehen und die Qualität beeinflussen können. Glas hingegen gibt keine unerwünschten Stoffe ans Wasser ab. Billiger ist es, Wasser aus dem Kran, also Leitungswasser, zu trinken. Allerdings enthält Leitungswasser weniger Mineralstoffe und Spurenelemente als Mineralwasser. Das sollte an heißen Tagen und beim Sport bedacht werden, wenn Mineralien ausgeschwitzt und über Lebensmittel und Getränke wieder zugeführt werden müssen. Teils schmeckt es auch unangenehm nach Chlor.

Auch gut zu wissen: Wer keine Milchprodukte isst, sollte auf jeden Fall ein Mineralwasser mit hohem Kalziumgehalt wählen. »Hoch« bedeutet, dass das Wasser mindestens 400 Milligramm Kalzium je Liter enthält. Die Menge ausgewählter Mineralstoffe und Spurenelemente steht auf dem Etikett. Bei Mineralwasser aus einer regionalen Quelle entfallen lange Transporte. Das ist gut für die Umwelt.

Nudeln sollten in keinem Vorratsschrank fehlen, vor allem bei Familien. Sie sind beliebt und auch wichtige Lebensmittel einer gesunden Ernährung. Denn Hartweizen, aus dem die meisten Nudeln sind, liefert hochwertiges Eiweiß. Wird die Vollkornvariante gewählt, kommen B-Vitamine und Ballaststoffe dazu. Auch wenn Eltern die ewigen Nudelwünsche der Kinder nervt: Es ist in Ordnung, Nudeln mehrmals in der Woche auf den Tisch zu bringen. Mit einer leckeren pürierten Gemüsesauce wird ein gesundes Essen daraus.

Günstig gut einkaufen: Nudeln werden nicht nur in 500-Gramm-, sondern auch in 1-Kilo-Tüten angeboten. Teils sind diese günstiger, aber es sollte der Kilopreis verglichen werden. Auch Bio-Pasta ist schon für unter einem Euro je Pfund (500 Gramm) zu haben. Vollkornprodukte sind tendenziell günstiger. Denn sie sättigen länger und so isst man davon weniger. Teurer als Nudeln aus Hartweizen sind Eiernudeln. Für eine gesunde Ernährung sind sie nicht nötig.

Auch gut zu wissen: Vollkornnudeln sind eine gute Wahl. Sie schmecken allerdings intensiver und werden darum manchmal gerade von Kindern abgelehnt. Doch es gibt Unterschiede: Manche Vollkornpasta schmeckt »kerniger«, andere weniger. Darum gilt: ausprobieren, was mundet und bekommt. Wenn Kinder Vollkornnudeln ablehnen, kann es helfen, dunkle mit hellen Nudeln zu mischen.

Nüsse und Samen: Wal- und Haselnüsse, Cashewkerne, Mandeln, Kürbis-, Pinien- und Sonnenblumenkerne sowie Sesam- und Leinsamen sind gesunde kleine Kraftpakete. Sie enthalten zwar viel Fett und somit Kalorien, aber es sind herzgesunde mehrfach ungesättigte Fettsäuren. Zugleich liefern sie hochwertiges Eiweiß und Ballaststoffe. Nüsse und Kerne sollten darum täglich gegessen werden. Laut Planetary Health Diet werden täglich 50 Gramm Nüsse und Kerne empfohlen, das ist etwa eine gute Handvoll.

Günstig gut einkaufen: Nüsse und Kerne sind nicht ganz billig. Doch auch mit kleinem Budget kann man sie sich schmecken lassen. In Biosupermärkten und in Drogeriemärkten gibt es Cashewkern-Bruch zu kaufen, der deutlich billiger ist als ganze Cashewkerne. Dabei handelt es sich um zerbrochene Nüsse, die bei der Produktion anfallen und aussortiert werden. Wer sie kauft, spart also Geld und tut auch etwas gegen Lebensmittelverschwendung. Walnusskerne sind meist günstiger als Mandeln. Unter den Samen und Kernen sind Sonnenblumenkerne, Lein- und Sesamsamen preiswerter als Kürbis- und Pinienkerne. Umsonst gibt es Wal- und Haselnüsse aus dem eigenen Garten oder vom Wegesrand. Wer keinen Baum hat, kann gucken, ob es in der Nähe einen wild wachsenden Walnussbaum oder Haselnusssträucher gibt. Unter www.mundraub.org kann eine virtuelle Karte eingesehen werden, auf der wild wachsende Bäume und Sträucher verzeichnet sind. Dort finden sich auch Fundorte für wild wachsendes Obst wie Brombeeren und Äpfel.

! **Auch gut zu wissen:** Bionüsse und Co. zu bevorzugen, macht Sinn. Denn der Anbau in konventionellen Monokulturen geht nicht nur mit giftigen Pestiziden und synthetischen Düngemitteln einher, sondern meist auch mit einem hohen Wasserverbrauch. Bio-Erzeuger arbeiten in der Regel umweltschonender. Nüsse und Samen werden in Mischkulturen angebaut, also gemeinsam mit anderen Früchten oder Gemüse. Dadurch sind die Böden nährstoffreicher und Bäume spenden Schatten, es wird weniger Wasser verbraucht und gedüngt. Nüsse mit Fair-Siegel stehen für faire Partnerschaften zwischen den Erzeugern in den Anbauländern und hiesigen Anbietern. Die Bauern erhalten dann für ihre Produkte faire Preise.

Nussmus: Es gibt Mandel- und Cashewkernmus sowie Erdnuss- und Haselnussmus. Das Mus aus Sesamsamen heißt Tahin. Alle haben ebenso viel Power wie ganze Nüsse und Kerne. Die Muse haben auch den Vorteil, dass Mineralstoffe und Spurenelemente wie Eisen und Zink besser vom Körper aufgenommen werden als aus ganzen Nüssen.

Günstig gut einkaufen: Nussmuse sind relativ teuer. Doch es gibt Unterschiede. Erdnuss- und Sesammus (Tahin) sind deutlich billiger als vergleichsweise Mandel-, Haselnuss- und Cashewkernmus. Preisliche Unterschiede gibt es auch zwischen reinen Nussmusen und Produkten, die Zusätze an zum Beispiel Kokos- oder Palmöl sowie Zucker und Salz enthalten. Die »reinen« Muse sind teurer als die gestreckten Produkte. Doch »reine« Nussmassen liefern auch mehr Nüsse fürs Geld. Beim Einkauf darum die Zutatenliste anschauen. Dort sollten »Cashewnüsse« oder »Mandeln« stehen und gegebenenfalls Salz. Mehr nicht.

Auch gut zu wissen: Konventionelle Erdnuss- beziehungsweise Peanutbutter enthält oft sehr viel Zucker oder Salz sowie gehärtetes Palmfett. Das ist nicht gesund.

Nuss-Nougat-Cremes sind Brotaufstriche aus Haselnüssen. Doch sie enthalten in der Regel nur sehr wenig Nuss. Von Gesetzes wegen müssen gerade mal zehn Prozent Haselnüsse darin enthalten sein. Der Rest besteht aus zugesetztem Fett wie Palm- oder Sonnenblumenöl sowie Kakao, Milchpulver, Emulgatoren und zugesetzten Aromen.

> **Günstig gut einkaufen:** Wer eine Nuss-Nougat-Creme mit einem möglichst hohen Nussanteil ohne unnötige Zusätze kauft, bekommt mehr Nuss fürs Geld. Manche Bio-Cremes enthalten bis zu 70 Prozent Haselnüsse, das ist gut. Der Nussanteil steht meist in der Zutatenliste auf der Verpackung, doch die Angabe ist nicht verpflichtend. Da gute Nuss-Nougat-Cremes mit hohem Haselnussanteil relativ teuer sind, kann man sie zum Beispiel immer nur am Wochenende genießen.

Auch gut zu wissen: Auch Bio-Nuss-Nougat-Cremes enthalten teils das umstrittene Palmöl. Sie machen die Cremes sämiger, außerdem entmischen sich die Zutaten nicht so leicht. Doch Palmöl aus Bio-Anbau ist akzeptabel. Für den Anbau wird kein Regenwald gerodet, beim Anbau sind giftige Pflanzenschutzmittel und synthetische Düngemittel tabu.

Obst ist eine der wichtigsten Lebensmittelgruppen im Rahmen der pflanzenbasierten Ernährung. Etwa 200 Gramm sollten wir uns am Tag schmecken lassen. Bei der Auswahl kann es bunt zugehen. Denn: Je farbenfroher das Obst ist, umso mehr verschiedene Vitamine, Mineralstoffe, Spurenelemente und sekundäre Pflanzenstoffe werden aufgenommen.

Günstig gut einkaufen: Obst ist teils ganz schön teuer. Darum sollte beim Einkauf immer darauf geachtet werden, welche Obstsorten gerade Saison haben (siehe Kapitel 3). In Zeiten der Ernteschwemme ist es meist deutlich preiswerter als außerhalb der Saison. Günstig lassen sich Äpfel, Birnen, Erdbeeren, Himbeeren und Johannisbeeren auch erwerben, wenn sie beim Bauern selbst gepflückt werden. Das Selberpflücken bieten inzwischen viele Obstbauern auch in Stadtnähe an. Sollte das Obst nicht bio sein, lässt sich nachfragen, wie es behandelt wird. Im Winter ist das Angebot an heimischem Saisonobst allerdings meist dünn. Dann sind Äpfel und Birnen aus Lagerhaltung eine gute und preisgünstige Möglichkeit, Vitamine zu tanken. In der dunklen Jahreszeit sind auch Zitrusfrüchte wie Orangen, Mandarinen und Clementinen preislich meist akzeptabel. Sie sollten aus Europa kommen, um Transportwege einigermaßen kurz zu halten. Bananen sind meist das ganze Jahr über preiswert, manchmal werden einzelne Früchte billiger abgegeben.

Auch gut zu wissen: Im Winter sind Erdbeeren, Heidelbeeren und Himbeeren aus beheizten Gewächshäusern zwar verführerisch, aber meist kosten sie auch eine Stange

Geld. Zudem geht der Anbau mit einem hohen Energieverbrauch einher, die Beeren sind aufwendig verpackt und werden über weite Strecken zu uns transportiert. Das ist nicht
ökologisch. Auch wenn es schwerfällt: Solches Obst sollte man
besser im Laden liegen lassen.

 **Öle** wie Raps-, Oliven- oder Leinöl sind deutlich gesün-
der als tierische Fette, denn sie sind reich an einfach und
mehrfach ungesättigten Fettsäuren. Sie sollten jeden Tag
verwendet werden.

Günstig gut einkaufen: Zum Dünsten und Braten bei nicht zu hohen Temperaturen ist ein
preiswertes Oliven-, Rapsöl oder auch Kokosfett gut
geeignet. Je 500 bzw. 750 Milliliter sind sie schon für
wenige Euro auch in Bioqualität erhältlich. Für die
kalte Küche, also für frische Salate, zum Abschmecken
von Gemüsesalaten und zum Dippen mit Brot, also
dann, wenn der Geschmack des Öls gut zum Tragen
kommt, ist ein hochwertiges aromareiches Öl richtig.
Auch Leinöl gehört in die kalte Küche. Es ist in jedem
Drogerie- und (Bio-)Supermarkt erhältlich. Leinöl ist
besonders reich an mehrfach ungesättigten Fettsäuren.
Darum sollte es immer im Kühlschrank aufbewahrt
werden; die Fettsäuren reagieren sensibel auf Wärme,
Luft und Licht. Es schmeckt allerdings leicht bitter.

Auch gut zu wissen: Beim Einkauf sollte darauf geachtet
werden, dass Pflanzenöle, die für die kalte Küche und zum
schonenden Dünsten verwendet werden, »kalt gepresst« sind.
Auf der Flasche steht auch die Bezeichnung »nativ«.

Oliven: Es gibt grüne und dunkelbraune beziehungsweise schwarze Oliven. Sie werden mit und ohne Stein angeboten. Teils sind sie mit Mandeln, Paprika oder Knoblauch gefüllt. Oliven werden in Lake oder Öl eingelegt.

> **Günstig gut einkaufen:** Oliven gibt es in allen Preiskategorien. Die mit Stein sind etwas billiger als die ohne Kern. Die Naturvarianten sind wiederum billiger als die mit Mandeln oder Paprika oder mit Gewürzen oder Knoblauch gefüllten Oliven. Auch günstige Oliven schmecken gut. Man muss ein wenig rumprobieren, um seine Lieblingssorte zu finden. Wer Bio-Oliven kaufen möchte, fährt am günstigsten mit den Naturvarianten.

Auch gut zu wissen: Schwarze Oliven sind nicht von Natur aus schwarz. Sie werden unreif geerntet und dann mit Eisensalzen behandelt. Aufgrund der Oxidationsreaktion mit Sauerstoff verfärben sie sich schließlich schwarz. Anders als grüne Oliven können schwarze mit dem vermutlich krebserregenden Stoff Acrylamid belastet sein, ergaben Untersuchungen der Lebensmittelüberwachungsbehörden. Die Substanz entsteht vermutlich beim Schwärzen und Sterilisieren der Oliven in Gläsern und Dosen. Bio-Oliven dürfen nicht geschwärzt werden. Sie enthalten auch keine Konservierungsstoffe wie zum Beispiel Natriumbenzoat, das in konventionellen Oliven teils eingesetzt wird.

Pikante Knabbereien sind ein Must-have zum gemütlichen Fernsehabend und auf jeder Party. 32 Prozent der Frauen und 21 Prozent der Männer essen sie laut Marktforschungsinstitut

Statista sogar jeden Tag. Am liebsten werden Kartoffelchips und Nüsse beziehungsweise Nussmischungen gesnackt, gefolgt von Erdnussflips, Salzstangen und -brezeln. Trend sind Gemüsechips und Chips aus Hülsenfrüchten sowie Nussmischungen mit Curry und Paprika, Mango und Ananas.

Günstig gut einkaufen: Klassische Knabbereien wie Salzbrezeln, Chips »natur« und Erdnüsse sind deutlich preiswerter als die vielen neueren Knabbereien wie Gemüse- und Linsenchips oder Nussmischungen mit exotischen Gewürzen. Bioprodukte lohnen sich, da sie immer ohne umstrittene Geschmacksverstärker und nur selten mit Hefeextrakt gewürzt werden. Auch ist der Anbau von Bionüssen umweltschonender, oft stehen dahinter Fair-Projekte, bei denen Mensch und Umwelt auf ihre Kosten kommen.

Auch gut zu wissen: Knabbereien enthalten mit Ausnahme von Salzstangen und -brezeln meist sehr viel Fett. Das Fett wird zum Frittieren von Chips und zum Rösten von Nüssen zugesetzt oder es ist, wie bei Nüssen, von Natur aus darin enthalten. Anders als Nussfett ist Frittierfett allerdings ungesund. Auch können frittierte oder gebackene Produkte wie Kartoffelchips und Erdnussflips das vermutlich krebserregende Acrylamid enthalten, das bei hohen Temperaturen entsteht. Auch in Gemüsechips fanden Untersuchungsämter es. Weil die Knuspereien meist auch sehr viel Salz enthalten, sollte man sie sich nur ab und zu in kleinen Mengen schmecken lassen. Kleine Tüten erleichtern es, mit dem Knabbern aufzuhören.

Pflanzendrinks: Das Angebot an »Milch« aus Pflanzen ist riesig. Es gibt Hafer- und Sojadrinks, Mandel- und Reisdrinks, Buchweizen-, Dinkel- und Kokosdrinks. »Milch« dürfen sie sich von Gesetzes wegen aber nicht nennen, die Bezeichnung ist Milch von Säugetieren wie Kühen, Schafen und Ziegen vorbehalten. Darum stehen auf der Packung meist Fantasiebezeichnungen wie »no milk« oder »like milk« oder auch einfach »Pflanzendrink«. Diese laufen der Kuhmilch inzwischen den Rang ab. Sie werden zum einen aus gesundheitlichen Gründen gekauft, denn Pflanzendrinks sind frei von Cholesterin und Laktose, die von vielen Menschen nicht vertragen wird. Zum anderen ist ihre Ökobilanz deutlich besser als die von Kuhmilch. Das hat sich herumgesprochen.

Günstig gut einkaufen: Hafer-Pflanzendrinks gibt es in Bioqualität für knapp einen Euro je Liter in jedem Supermarkt und Discounter. Basic-Produkte wie Hafer- und Sojadrink kosten stets weniger als spezielle Mischungen für »Barista«, also zum Aufschäumen. Auch aromatisierte Pflanzendrinks mit zum Beispiel Vanille oder Schoko sind vergleichsweise teuer so wie auch Pflanzendrinks, die mit Kalzium und Vitamin B_{12} angereichert sind. Doch teure Barista-Produkte müssen nicht sein. Sie lassen sich einfach günstig selbst herstellen. So sorgt ein Schuss Sojamilch im Haferdrink dafür, dass er sich gut aufschäumen lässt. Ein Teelöffel angerührtes Kakaopulver macht aus dem Basic-Haferdrink ein leckeres Schokogetränk. Mit Vitamin B_{12} angereicherte Pflanzendrinks können für Veganer sinnvoll sein. Doch sicherer erhalten sie Vitamin B_{12} durch regelmäßige Einnahme von Vitamin-B_{12}-Präparaten in Absprache mit dem

Arzt. Pflanzendrinks lassen sich auch günstig selber machen. Man benötigt dafür Haferkörner oder Sojabohnen und einen speziellen Stoffbeutel, den es im Bioladen gibt.

! **Auch gut zu wissen:** Die Sorge mancher Konsument*innen, dass das Soja für Sojamilch aus dem tropischen Regenwald kommt, ist unbegründet. Überwiegend wird hierfür Soja aus Europa verwendet, teils auch aus Deutschland. Auch der Hafer kommt in der Regel aus Europa oder Deutschland. Auf der Verpackung wird oftmals damit geworben, woher die Grundzutat bezogen wird, weil dies ein gutes Verkaufsargument ist. Auch die Mandeln für Mandeldrinks kommen meist aus Europa, etwa aus Italien und Frankreich. Der Reis für Reisdrinks hat jedoch eine weite Reise hinter sich. Meist kommt er aus Asien. Ein Manko ist, dass für Pflanzendrinks nicht sieben, sondern 19 Prozent Mehrwertsteuer gezahlt werden müssen (siehe Kapitel 3).

Pflanzliche Brotaufstriche mit Gemüse, Hülsenfrüchten und Getreide sind eine schöne Alternative zu Käse und Wurst auf dem Brot. In den vergangenen Jahren ist das Angebot stetig gewachsen, selbst Discounter bieten sie an, meist in Bioqualität. Die meisten Brotaufstriche sind gesünder als die klassischen Brotbeläge wie Käse und Wurst. Denn Veggieaufstriche enthalten durch zugesetztes Öl mehrfach ungesättigte Fettsäuren, Gemüse und Hülsenfrüchte liefern zudem gesunde Ballaststoffe. Auch sind sie meist deutlich kalorienärmer als vergleichsweise Salami oder Gouda.

Günstig gut einkaufen: Am preiswertesten ist es, wenn Aufstriche aus Gemüse oder Hülsenfrüchten selbst gemacht werden. Für das Geld, das dadurch gespart wird, kann eine Menge Aufstrich zubereitet werden. Ist dafür keine Zeit, sind günstigste Aufstriche aus dem Bioladen oder Supermarkt eine gute Alternative. Und man sollte darauf achten, dass die Brotaufstriche einen hohen Anteil an Gemüse oder Hülsenfrüchten wie Kichererbsen oder Tofu haben und gute Öle wie Raps- oder Olivenöl enthalten sind. Sie sollten in der Zutatenliste auf der Packung ganz vorn stehen, nicht Wasser. Dann ist ihr Anteil hoch.

Auch gut zu wissen: Manche Brotaufstriche enthalten Verdickungsmittel wie Johannisbrotkernmehl, Agar-Agar, Xanthan oder Carrageen. Sie werden Aufstrichen zugesetzt, wenn darin viel Wasser enthalten ist. Diese Zusatzstoffe sind zulässig, auch für Bio-Aufstriche. Aber nötig sind sie nicht. Schließlich gibt es auch viele Produkte ohne Verdickungsmittel.

Pseudogetreide sind »Körner«, die wie Getreide aussehen, aber botanisch gesehen nicht wie Weizen oder Roggen Gräser sind. Amaranth, Quinoa und Buchweizen zählen zu den Pseudogetreiden. Sie haben den Vorteil, dass sie kein Gluten enthalten, das manche Menschen nicht vertragen. Sie bereichern auch die pflanzenbasierte Ernährung, weil sich damit leckere pflanzliche Gerichte kochen lassen.

Günstig gut einkaufen: Die »Pseudos« sind oft teurer als Reis oder Nudeln. Doch sie sind wie Reis sehr ergiebig, sodass eine Tasse rohe Körner gekocht für zwei bis drei Personen reicht. Amaranth und Co. sind fast ausschließlich in Bioqualität erhältlich. Achten Sie trotzdem auf das EU-Bio-Siegel (siehe Anhang), denn auch konventionelle Anbieter bieten sie an.

! Auch gut zu wissen: Wechseln Sie ab. Vollkornreis und -flocken enthalten viele Ballaststoffe und B-Vitamine, aber Quinoa und Amaranth haben etwas mehr Eiweiß und die essenzielle Aminosäure Lysin zu bieten. Sie punkten auch in Sachen Kalium, Kalzium, Magnesium und Eisen. Buchweizen ist ein guter Lieferant von Magnesium und Kalium. Abwechslung ist also Trumpf.

Reis ist wie Weizen und Hafer eine Getreideart. Und da Getreide uns maßgeblich mit Eiweiß und Ballaststoffen versorgt, ist es gut, Reis regelmäßig auf den Teller zu häufeln. Vollkornreis ist nährstoffreicher und liefert mehr Ballaststoffe als die weiße Variante. Doch er enthält auch deutlich mehr Schadstoffe, die sich in den Randschichten befinden, die mitgegessen werden. Vor allem Langkornreis ist oftmals mit Schwermetallen wie Arsen und Kadmium belastet, ergaben ÖKO-Tests.

Günstig gut einkaufen: Reis gibt es online in 5-Kilo-Säcken zu kaufen, das ist etwas günstiger, als ihn in kleinen Mengen zu erwerben. Doch Reis mit einem geringen Schadstoffgehalt ist nicht für wenige Cent zu haben. Arsen kommt natürlicherweise im Boden vor, gelangt aber auch über Phosphatdünger und Klärschlamm in den Reis, wo es sich insbesondere in den Randschichten ablagert. So wie auch Kadmium. Das spricht für Reis aus Bio-Anbau, wo synthetische Düngemittel verboten sind. Dennoch kann er mit Schwermetallen belastet sein, wie Tests zeigen. So wie auch konventionelle Sorten unbelastet sein können. Darum ist es hilfreich, unabhängige Tests wie die vom ÖKO-TEST Magazin zu lesen, die Reis regelmäßig unter die Lupe nehmen, und anhand der Ergebnisse eine Kaufentscheidung zu treffen.

! Auch gut zu wissen: Auf Reis sollte nicht verzichtet werden, auch wenn er Arsen oder Kadmium enthalten kann. Es ist allerdings sinnvoll, regelmäßig die Sorte und Marke zu wechseln, um eine einseitige Belastung zu vermindern. Basmatireis schneidet in aktuellen Tests besser ab als Langkornreis. Darum ist ihm der Vorzug zu geben. Vollkorn ist wiederum stärker belastet als weißer Reis, enthält aber deutlich mehr Vitamine und Mineralstoffe, die die Abwehr stärken und den Körper vor Schadstoffen schützen. Reis sollte vor dem Kochen gewaschen werden, da sich anhaftende Schadstoffe so reduzieren lassen.

Salatdressings aus der Flasche sind praktisch, da sich damit auf die Schnelle Salat zubereiten lässt. Doch sie enthalten oftmals vor allem Wasser, Zusatzstoffe und zugesetzte Aromen, aber nur wenig Dressingzutaten wie Joghurt oder Essig und Öl.

Günstig gut einkaufen: Am billigsten ist ein selbst gemachtes Salatdressing aus Essig, Öl, Salz, Pfeffer, etwas Honig und Gewürzen. Es ist in nur wenigen Minuten angerührt. Fertig zubereitete Dressings in Flaschen sind oft teuer und man bezahlt oft vor allem das darin enthaltene Wasser. Soll ein Fertigprodukt gekauft werden, ist es gut, wenn in der Zutatenliste auf der Flasche an erster Stelle »Öl« steht oder »Joghurt«.

Auch gut zu wissen: Ob gekauft oder selbst gemacht, Dressing kann nicht nur Salat. Es ergibt auch ein prima Topping für warmes Gemüse, Wraps und Burger. Bedenken Sie, dass die Packung für nur eine kleine Menge fertig zubereitetes Dressing viel Müll mit sich bringt. Die Flaschen sind meist aus Kunststoff oder Glas.

Salz ist lebenswichtig für den Körper, doch die meisten Menschen essen zu viel Salz. Denn viele verarbeitete Lebensmittel enthalten Kochsalz, ob pikante Knabbereien wie Chips und Salzstangen, Fertiggerichte oder Brot. Zu viel Salz schadet Menschen mit Bluthochdruck, die »salzsensitiv« sind, also empfindlich auf Kochsalz reagieren. Doch zu viel Salz ist auch nicht gut für die Knochen.

Günstig gut einkaufen: Salz wird schon für wenige Cent je Packung angeboten. Teure Sorten wie das rosafarbene Himalaja-Salz oder das flockige Fleur de Sel sind nicht nötig, denn sie bestehen wie übliches Salz fast ausschließlich aus Natriumchlorid. Sie bieten also keine besonderen gesundheitlichen Vorteile wie einen hohen Gehalt an Mineralstoffen und Spurenelementen, wie oft behauptet wird. Günstiges wie teures Salz enthält fast immer Rieselhilfsmittel wie Kalziumcarbonat, Magnesiumcarbonat oder Silikate. Sie verhindern, dass das Salz in der Packung zusammenklumpt. Die Rieselhilfsmittel sind zwar nicht ungesund, aber wie viele andere Zusatzstoffe unnötig. Wer einige Reiskörner mit in den Salzstreuer gibt, hat kein Problem mit Verklumpen.

Auch gut zu wissen: Jodiertes Speisesalz ist sinnvoll. Denn viele Menschen in Deutschland haben einen Jodmangel. Auch Salz mit Algenzusatz kann helfen, die Jodzufuhr zu verbessern. Meersalz hingegen ist nicht jodreich, wie man meinen könnte, auch wenn es aus salzigem, jodhaltigem Meerwasser gewonnen wird. Salze mit Zusätzen an Fluorid und Folsäure sind nicht nötig, da diese Stoffe auch mit Zahnpasta beziehungsweise Gemüse aufgenommen werden. Es gibt einige heimische Salzsorten wie das Luisenhaller Salinensalz oder Salz aus Bad Reichenhall. Aus ökologischen Gründen ist dies aufgrund kurzer Wege zu empfehlen. Das viel beworbene Himalaja-Salz wird hingegen aus Pakistan importiert.

Schokolade ist eine der beliebtesten Süßigkeiten hierzulande. Doch wie auch beim Kakao lohnt es sich, auf die Herkunft der Zutaten wie Kakaobohnen und Zucker zu achten. Denn hier ist leider immer noch Kinderarbeit im Spiel. Schon kleine Kinder müssen bei der Ernte helfen, statt in die Schule zu gehen.

Günstig gut einkaufen: Schokolade wird oft schon für wenige Cent je 100-Gramm-Tafel angeboten – oder auch für fünf Euro und mehr. Preiswerte Schokolade enthält oft sehr viel Zucker, zugesetzte Aromen und Zusatzstoffe, Zutaten, die gute Schokoladen nicht nötig haben, da sie aus aromatischen Zutaten in einem aufwendigen Rührverfahren (Conchieren) hergestellt werden. Darum lohnt es sich, seltener und dafür gute Schokolade zu kaufen. Schön auch, wenn die Zutaten aus fairem Handel kommen. Bio-Anbieter und auch immer mehr konventionelle Hersteller beziehen Kakao und Zucker von Fair-Kooperativen. Die Bauern erhalten also einen angemessenen Preis für die Rohstoffe, Ernten werden vorfinanziert und die Familien haben ein regelmäßiges Einkommen. Auch die medizinische Versorgung ist gesichert und Kinder können in die Schule gehen.

Auch gut zu wissen: Immer größer wird das Angebot an veganer Schokolade. In Bioläden und Supermärkten gibt es zahlreiche Schokoladensorten ohne Milch oder Fett vom Tier. Vegane Milchschokolade wird mit Reis-, Hafer- oder Sojadrink hergestellt. Auch Kokosmilch wird eingesetzt. Vegane Schokolade ist kaum teurer als gute Milchschokolade. Zartbitterschokolade ist immer ohne Milchzusatz und somit vegan.

Superfood ist Trend. Chiasamen, Açaí- und Gojibeeren, Matcha- und Moringapulver sollen nur so vor gesunden Inhaltsstoffen strotzen, behauptet die Werbung. Durch besonders hohe Gehalte an Vitaminen, sekundären Pflanzenstoffen, Antioxidantien und Enzymen sollen sie das Immunsystem pushen, Alterungsprozessen entgegenwirken, den Cholesterinspiegel senken und sogar vor Krebs schützen. Die versprochenen Wirkungen wurden bislang allerdings nur im Labor erzielt und das meist mit isolierten Wirkstoffen in deutlich höheren Mengen, als sie in Superfoods enthalten sind.

Günstig gut einkaufen: Die meisten Superfoods sind teuer und zudem unnötig, denn es gibt für jedes Superfood ein einheimisches Pendant, das deutlich preisgünstiger ist. So liefert Leinsamen genau wie Chiasamen Omega-3-Fettsäuren und Ballaststoffe, Heidel- und Himbeeren enthalten wie Açaí- und Gojibeeren sekundäre Pflanzenstoffe wie Anthocyane und Polyphenole. Und Walnüsse und Pflanzenöle sind wie auch teure Fischölkapseln reich an Omega-3-Fettsäuren.

Auch gut zu wissen: Untersuchungen im Rahmen des Öko-Monitoring der Chemischen Veterinär- und Untersuchungsämter Stuttgart ergaben, dass Superfood wie Moringapulver und Gojibeeren teils massiv mit Rückständen an Pflanzenschutzmitteln belastet sind. Auch weite Transporte schlagen bei den meisten Superfoods negativ zu Buche.

Tee: Schwarzer und grüner Tee sind aus unserer Trinkkultur nicht wegzudenken. Wer ihn täglich trinkt, sollte auf eine möglichst gute Qualität achten.

Günstig gut einkaufen: Schwarzer und grüner Tee sind schon für wenige Euro je 100 Gramm Tee erhältlich. Doch meist sind die Herkunft und Bedingungen, unter denen die Tees erzeugt werden, intransparent. Konventioneller Tee ist sehr häufig mit Pestiziden belastet, wie ein aktueller ÖKO-Test zeigt. Doch es gibt auch fair erzeugten schwarzen und grünen Biotee ohne Rückstände. Tee von der Berliner Teekampagne ist günstig, da er in 1-Kilo-Packungen ohne Zwischenhandel angeboten wird. Auch auf aufwendige Verpackungen und teure Werbung wird verzichtet. Bei Tees mit Fair-Siegel zahlen die Anbieter beziehungsweise Hersteller den Inhabern der Teegärten beziehungsweise Importeuren faire Preise, sodass die Menschen in den Ländern ihr Auskommen haben. Erntehelfer erhalten akzeptable Löhne, Ernten werden vorfinanziert, um den Plantagen finanzielle Sicherheit zu bieten. So kommen nicht nur wir, sondern auch die Menschen in den Erzeugerländern auf ihre Kosten. Die Infos auf der Website der Anbieter helfen meist weiter, mehr über die Erzeugungsbedingungen zu erfahren.

Auch gut zu wissen: Wer aromatisierte Tees wie den bekannten Earl-Grey-Tee oder Vanilletee mag: Achten Sie darauf, dass tatsächlich Bergamottöl (Earl Grey) oder gemahlene Vanille im Tee enthalten ist, kein zugesetztes Aroma. Aromen werden preiswertem wie teurem Tee zugesetzt. Doch oft schmecken sie sehr künstlich und riechen unnatürlich intensiv. Auf der Packung steht »natürliches Aroma« oder auch »natürliches Vanillearoma«. »Natürliche Aromen« werden aus Naturstoffen von Mikroorganismen im Labor erzeugt, haben aber nichts mit Vanille gemein. »Natürliches Vanillearoma« besteht immerhin zu mindestens 95 Prozent aus Vanille. Vanilleextrakt ist neben der Vanilleschote die natürlichste Form der Aromatisierung von Vanilletee.

Trockenobst wie getrocknete Aprikosen, Bananen, Kirschen, Ananas, Pflaumen, Rosinen, Apfelringe, Feigen und Datteln sind in den Wintermonaten eine schöne Ergänzung zu frischem Obst. Beim Trocknen gehen zwar empfindliche Vitamine wie etwa Vitamin C verloren, aber Mineralstoffe und Spurenelemente bleiben erhalten. Im Gegenteil, durch den Wasserverlust beim Trocknen konzentrieren sich die gesunden Stoffe sogar noch. Trockenobst ist auch reich an Ballaststoffen. Aber Achtung: Auch der Gehalt an Fruchtzucker ist sehr hoch.

Günstig gut einkaufen: Von den Trockenobst-Arten sind Rosinen und Apfelringe am preiswertesten. Sie sind eine leckere Zutat fürs Müsli. Rosinen eignen sich auch für herzhafte Gerichte mit Gemüse und Curry und Kurkuma. Alle anderen Trockenobstarten sind recht teuer und eher etwas für den besonderen Anlass.

Auch gut zu wissen: Konventionelle getrocknete Kirschen, Ananas und Mango sind oft gezuckert. Ob dies der Fall ist, steht in der Zutatenliste. Sie werden auch geschwefelt.

In der Zutatenliste auf der Verpackung muss der Zusatzstoff, der das Verfärben verhindern soll, ab einer Konzentration von zehn Milligramm pro Kilogramm gekennzeichnet werden. Dort steht dann »Konservierungsstoff Schwefeldioxid« oder »Konservierungsstoff E 220«. Trockenpflaumen, vor allem sogenannte Softpflaumen, enthalten teils den Konservierungsstoff Sorbinsäure. Bio ist auch hier die bessere Wahl, denn Biotrockenfrüchte werden nicht geschwefelt, gezuckert oder mit Konservierungsstoffen behandelt.

Tofu ist wohl die bekannteste Fleischalternative. Es gibt ihn »natur« sowie mariniert und gewürzt mit zum Beispiel Basilikum und Oregano oder Curry und Kurkuma. Zudem wird geräucherter Tofu angeboten. Er lässt sich vielfältig verwenden, ob in Scheiben geschnitten und gebraten zu Salat, als Zutat auf dem Gemüsespieß oder einfach als Brotbelag.

> **Günstig gut einkaufen:** Am billigsten ist Tofu »natur«. Er muss allerdings noch mariniert werden, da er fad schmeckt. Dafür muss er einige Stunden in einer Marinade aus zum Beispiel Sojasauce, Öl und Gewürzen ziehen. Vorher wird noch die Tofuflüssigkeit ausgedrückt, damit er viel Marinade aufnehmen kann. Ist dafür keine Zeit, lässt sich Tofu einfach mit etwas Sojasauce einpinseln. Geräucherter Tofu ist ebenfalls eine schnelle Mahlzeit und zudem günstig. Er ist in allen (Bio-)Supermärkten und Discountern zu finden, teils gleich günstig im Doppelpack. Am teuersten ist fertig marinierter Tofu.

Auch gut zu wissen: Soja, die Grundlage für Tofu, kommt nicht aus dem tropischen Regenwald, wie oft behauptet wird. Es wird überwiegend in Europa und zunehmend auch in Deutschland angebaut. Woher der jeweilige Tofu kommt, steht oft groß auf der Packung, denn die Anbieter werben damit.

Vollkornprodukte sind wichtige Lebensmittel einer gesunden Ernährung. Darum sollten wir sie uns täglich als Flocken, Reis, Vollkornbrot und -nudeln schmecken lassen. Vollkornprodukte liefern neben Ballaststoffen auch reichlich Vitamine, Mineralstoffe und Spurenelemente. Gut 230 Gramm werden laut Planetary Health Diet empfohlen. Das entspricht etwa drei Scheiben Vollkornbrot (à 50 Gramm) plus einer Portion (roher) Vollkornreis oder Vollkornflocken.

> **Günstig gut einkaufen:** Ob Haferflocken, Vollkornbrot, -reis oder -nudeln, Vollkornlebensmittel sind preiswerte Produkte – auch als Bio-Variante! Es ist somit kein Problem, hier günstig und bio-gesund zu essen.

Auch gut zu wissen: Wer Vollkornprodukte nicht gewohnt ist, sollte sich langsam an sie gewöhnen. Denn die Lebensmittel aus dem vollen Korn werden anfangs manchmal nicht vertragen und führen zu Bauchgrummeln und Blähungen. Darum ist es gut, zunächst Brot aus gemahlenem Vollkornmehl zu essen, weißen und dunklen Reis zu mischen und feine Haferflocken zu verwenden. Peu à peu lassen sich die Vollkornmengen erhöhen.

Zucker und Zuckeralternativen: Zum Süßen werden diverse Produkte angeboten. Dazu zählen Rohr- und Rübenzucker sowie die süßen Alternativen Agaven-, Apfel- und Birnendicksaft, Dattel-, Reis-, Zuckerrüben- und Ahornsirup sowie Honig, Kokosblüten- und Palmzucker. Doch ob klassischer Zucker oder Alternative: Die Süßungsmittel enthalten immer Zucker und schaden somit den Zähnen, fördern Übergewicht und liefern kaum oder keine Vitamine und Mineralstoffe – auch wenn die Werbung anderes verspricht. Darum sollten Süßungsmittel nur in kleinen Mengen verwendet werden.

> **Günstig gut einkaufen:** Die meisten Zuckeralternativen sind deutlich teurer als weißer Rohr- und Rübenzucker. Da sie keine echten gesundheitlichen Vorteile bieten, sollte der Kauf gut überlegt werden. Wer sie probieren möchte: Billiger als exotischer Dattel- und Agavendicksaft sind heimischer Apfel- und Birnendicksaft, Honig und Zuckerrübensirup. Wer Bio-Rübenzucker aus Deutschland kauft, fördert die heimische Landwirtschaft. Teure Backzutaten mit Zucker wie Vanillezucker oder fertig gemischten Zimtzucker muss man nicht kaufen. Sie lassen sich einfach herstellen. Für Vanillezucker wird eine kleine Schote mit etwa 100 Gramm Zucker in ein Glas gegeben und etwa vier Wochen stehen gelassen. Das Vanillearoma geht wunderbar in den Zucker über. Die Schote kann immer wieder verwendet werden, oft jahrelang. So rechnet sich der relativ hohe Preis. Für Zimtzucker (lecker zu Milchreis oder Apfelmus) werden einfach etwa 100 Gramm Zucker und ein Teelöffel Zimt gut gemischt. Fertig.

Auch gut zu wissen: Keine Alternative zu Zucker und Co. sind Süßstoffe wie Saccharin und Cyclamat sowie Aspartam, Acesulfam K und Steviosid. Diese Süßstoffe sind umstritten, da sie Studien zufolge den Appetit ankurbeln und somit nicht beim Abnehmen und Gewichthalten helfen. Für einige Stoffe konnte der Krebsverdacht nicht ausgeräumt werden. Dies sind Aspartam und Cyclamat. Achtung: Süßstoffe sind oft auch in herzhaften Konserven enthalten, wo man sie nicht vermutet, etwa Rotkohl und Sauerkraut. Darum besser immer die Zutatenliste lesen.

KAPITEL 7

Sparsam kochen

Welche Tricks es gibt, um beim Kochen und Backen Energie zu sparen, warum »Umluft« im Backofen das neue Grün ist und die Anschaffung neuer Küchengeräte meist nicht lohnt.

In der Küche lässt sich viel Energie und damit Geld sparen. Doch meist muss kein neuer Herd, (Tief-)Kühlschrank oder eine neue Spülmaschine her, um sparsam zu kochen. Der bewusste Umgang mit den Küchenhelfern ist viel effektiver. Die folgenden Tipps helfen, Küchengeräte richtig zu nutzen und so den Energieverbrauch in Grenzen zu halten.

Herd: Töpfe oben nie ohne

Beim Kochen auf dem Herd wird täglich viel Strom verbraucht. Durch die Wahl der richtigen Kochtöpfe und die Nutzung der Nachwärme lässt sich viel Energie und somit Geld sparen. Nach Angaben des Umweltbundesamts können es bis zu 85 Euro im Jahr sein.

GÜNSTIG GUT KOCHEN

- Topf und Herdplatte sollten von der Größe her immer zusammenpassen, die Töpfe also weder kleiner noch größer als die Platte sein. Dasselbe gilt auch für Pfannen. Ist die Herdplatte ein bis zwei Zentimeter größer als der Topf- oder Pfannenboden, verpufft bis zu 30 Prozent Energie.

- Viel Energie wird auch durch das Garen ohne Deckel verbraucht. Töpfe und Pfannen sollten darum beim Garen immer gut verschlossen sein. »Oben ohne« entweicht mehr Wasser und Wasserdampf, das Kochen dauert länger, der Energieverbrauch klettert in die Höhe. Laut Umweltbundesamt erhöht er sich durch mehrmaliges Topfgucken je Kochvorgang um bis zu 30 Prozent.

- Wer einen Schnellkochtopf hat, bitte benutzen. Die Garzeit verkürzt sich um bis zu 50 Prozent und es lassen sich bis zu 30 Prozent Energie einsparen.

- Am besten immer nur so viel Wasser erhitzen, wie tatsächlich benötigt wird. Kartoffeln und auch das Frühstücksei brauchen nur wenig Wasser, sofern der Kochtopf beim Garen geschlossen bleibt. Auch Gemüse kann in wenig Flüssigkeit gedünstet werden, was zudem sehr gesund ist. Denn das Garwasser, in dem Mineralstoffe und Spurenelemente sowie Aromen enthalten sind, kann mitverwendet werden; große Mengen werden dagegen eher weggeschüttet. Auch beim Kochen von Tee und Kaffee immer nur so viel Wasser zum Kochen bringen, wie tatsächlich benötigt wird.

- Das Wasser zum Garen von zum Beispiel Nudeln oder Reis immer in einem Wasserkocher erhitzen und dann in den Kochtopf umfüllen. Dies benötigt je Liter Wasser weniger Strom, als wenn dies im Kochtopf auf dem Herd erwärmt wird.

- Energiesparen lässt sich auch, wenn die Temperatur nach dem ersten Aufkochen der Flüssigkeit im Topf heruntergedreht und das Essen auf der niedrigsten Stufe weitergegart wird. Kurz vor Ende der Garzeit kann der Herd ganz ausgestellt und die Nachwärme der Herdplatte zum Kochen genutzt werden.

- Das Dämpfen von Gemüse und Kartoffeln in einem Dämpfeinsatz ist besonders nährstoffsparend und benötigt viel weniger Energie als das Kochen in viel Flüssigkeit.

KOCHKISTE: GAREN FAST OHNE STROM

Wer Energie sparen und auch möglichst wenig Zeit am Herd verbringen möchte, ist mit einer Kochkiste gut bedient.

Das Garen in einer Kochkiste ist ganz einfach. Reis, Linsen oder Gemüse werden mit Wasser im Topf auf dem Herd erhitzt, gewürzt und dann alles in eine Kochkiste gestellt und verschlossen. Je nach Speise ist der Inhalt nach 20 Minuten oder zwei Stunden gar.

Eine Kochkiste besteht aus einem mittelgroßen Kochtopf und einem Thermoelement aus Styropor oder anderem Dämmmaterial. Der heiße Topf wird nach dem Ankochen samt Inhalt verschlossen, in den Thermobehälter gestellt und dieser fest zugemacht. Reis benötigt etwa 20 Minuten, Gemüse eine halbe Stunde und eingeweichte Hülsenfrüchte brauchen etwa zwei Stunden, bis sie gar sind.

Neben der Energie, die eingespart wird, ist die Kochkiste auch praktisch, da das Essen darin quasi von alleine gart. Der Topf wird morgens in die Kiste gestellt, mittags ist alles fertig. Kein Umrühren und Anbrennen, und das alles bei vollem Geschmack, da keine Aromen durch Topfgucken entfleuchen. Es ist also eine Art Niedrigtemperaturgaren, wie es auch in der Spitzenküche praktiziert wird. Doch das Garen in der Kochkiste ist viel umweltfreundlicher, da der Herd oder Backofen nicht stundenlang powert, wobei viel Strom verbraucht wird.

Kochkisten gibt es fertig zu kaufen. Sie bestehen aus dem Topf plus Thermoelement, sind mit gut 100 Euro aber leider nicht ganz billig. Darum lohnt es, in Kleinanzeigen-märkten danach zu stöbern. Dort werden manchmal gebrauchte Kochkisten angeboten. Es ist aber auch relativ einfach, selbst eine Kochkiste zu bauen.

Eine Anleitung für eine selbst gebaute Kochkiste hat DIE UMWELTBERATUNG in Wien hier zusammengestellt: www.umweltberatung.at/diy-kochkiste

Backofen – Umluft ist das neue Grün

Backöfen benötigen besonders viel Energie, da der gesamte Garraum aufgeheizt wird. Zunächst sollte darum jeweils überlegt werden, ob der Backofen überhaupt zum Einsatz kommen muss. Zwei Brötchen darin aufzubacken lohnt nicht, das schafft prima auch der Toaster, zehn hingegen schon. Auch Gemüse gart energiesparender kurz auf dem Herd als lange im Backofen.

GÜNSTIG GUT BACKEN

- Zunächst alle Bleche oder Gitter aus dem Backofen nehmen, die nicht benötigt werden. Diese werden sonst unnötigerweise mit aufgeheizt.

- Immer mit »Umluft« backen und garen. So können mehrere herzhafte Speisen oder Bleche mit Keksen zusammen zubereitet werden. Da ein Ventilator die Wärme gleichmäßig im Ofenraum verteilt und sie so effektiver wirkt, kann die Temperatur um 20 bis 30 Grad niedriger eingestellt werden, der Regler wird also statt auf zum Beispiel 200 Grad Celsius (Ober-/Unterhitze) bei Umluft auf 175 Grad Celsius eingestellt. Fehlen in Rezepten die Angaben für Umluft, können die Empfehlungen für Ober- und Unterhitze um etwa 25 Grad reduziert werden.

- Der Backofen muss in der Regel nicht extra vorgeheizt werden, auch wenn dies immer noch in Rezepten empfohlen wird. Nur für einige wenige Teige, die sofort eine hohe Temperatur benötigen, ist dies nötig. Dazu zählen Biskuit- und Brandteig sowie Soufflés. Ein Pizzaboden mag es auch sofort heiß, um schön knusprig zu werden. Das ist aber kein Muss.

- Der Backofen sollte wie auch ein Kochtopf zwischendurch möglichst nicht geöffnet werden. Es »fällt« dabei immer Wärme heraus, die dann nachgeliefert werden muss.

- Auch beim Backen und Garen im Ofen lässt sich prima die Nachwärme nutzen. Das Gerät kann also schon etwa zehn Minuten vor Ende der Garzeit ausgeschaltet werden.

Kühlschrank und Tiefkühlgerät – Ordnung muss sein

Kühlschrank und Gefriergeräte schlucken laut Umweltbundesamt bis zu einem Fünftel des Stromes in einem Haushalt. Sie sind schließlich im Dauereinsatz und ziehen somit ständig Strom. Doch der Verbrauch hängt auch von der individuellen Nutzung ab. Grundsätzlich steigt er an, wenn, wie beim häufigen Öffnen viel Wärme in das Innere der Geräte gelangt oder er dauerhaft in einer warmem Umgebung steht.

GÜNSTIG GUT KÜHLEN

- Im Kühlschrank reicht eine Temperatur von sechs bis sieben Grad Celsius, in der Gefriertruhe oder im Gefrierschrank sind minus 18 Grad Celsius ausreichend.

- Der Kühlschrank sollte immer gut gefüllt sein, denn leer verbraucht er mehr Strom als voll. Luft ist ein schlechter Wärmeträger. Überfüllt sollte der Kühlschrank allerdings auch nicht sein. Denn das geht zum einen zulasten der Übersichtlichkeit. Zudem wird mehr Energie benötigt, um alles auf Kühltemperatur zu halten.

- Am besten immer erst überlegen, was genau aus dem Kühl- oder Gefriergerät entnommen werden soll, dann die Tür öffnen. So kann die Zeit möglichst kurz gehalten werden, die das Gerät geöffnet ist. Übersichtlichkeit verkürzt dies. Wer lange in den Tiefen des Kühlschranks rumsuchen muss, lässt die Tür länger offen.

- Gegarte Lebensmittel müssen erst abgekühlt werden, egal, ob sie »nur« gekühlt oder eingefroren werden.

- Gegarte Speisen immer abgedeckt beziehungsweise in Gläser oder Dosen verpackt in den Kühlschrank stellen. Denn sonst bildet sich aus dem Wasser der Lebensmittel beziehungsweise der Feuchtigkeit, die abgegeben wird, im Kühl- und Gefriergerät Reif. Je dicker diese Reifschicht ist, umso mehr Strom muss aufgewandt werden, um das Gerät auf Temperatur zu halten.

- Tiefkühlschränke und -truhen sollten einmal im Jahr abgetaut werden. Bei Bedarf kann dies auch öfter nötig sein, spätestens dann, wenn sich Türen oder Schubladen nicht mehr richtig schließen lassen.

- Grundsätzlich stehen Gefrier- und Kühlgeräte am besten in einem kühlen Raum. Ungünstig ist also eine Platzierung direkt neben dem Herd oder an einer Heizung. Das Kühlgerät muss die Wärme zudem gut abgeben können. Lüftungsgitter oder eine die Wärme abstrahlende Gerätewand muss also freistehen und genügend Abstand zur Wand haben.

- Ein regelmäßiger Check der Türdichtung macht zudem Sinn. Ist sie defekt, strömt ständig warme Luft ins Kühlgerät, die heruntergekühlt werden muss. Im Tiefkühlschrank bildet sich Eis. All dies verbraucht zusätzlich viel Energie.

Spülmaschine – abwaschen lassen

Von Hand abwaschen oder alles in die Spülmaschine stellen? Das ist eine alte Frage, die sich erfreulicherweise zugunsten der Bequemlichkeit beantworten lässt. Sparsame Spülmaschinen benötigen mit weniger als zehn Litern je Durchgang deutlich weniger Wasser, als wenn das Geschirr im Spülbecken mit der Hand gereinigt wird.

GÜNSTIG GUT ABWASCHEN

- Geschirr sollte nicht generell vorgespült werden. Moderne Maschinen schaffen eine Menge Schmutz weg. Die zusätzliche Vorbehandlung erhöht nur den Wasser- und auch den Stromverbrauch, wenn fürs Vorspülen warmes Wasser verwendet wird. Nur wenn Töpfe oder Schüsseln sehr stark verschmutzt sind, sollten sie in wenig Wasser eingeweicht und danach kurz vorgereinigt werden.

- Die Spülmaschine richtig beladen: Stark verschmutzte Töpfe oder Auflaufformen immer unten in den Geschirrspüler stellen. Hier sind die Temperaturen am höchsten und der Wasserstrahl ist am stärksten. Beim Einräumen nicht zu ordentlich vorgehen, gleiche Teller oder Schüsseln neigen dazu, sich ineinanderzulegen und damit können eventuell Speisereste nicht richtig abgespült werden.

- Die Spülmaschine immer komplett voll-, aber nicht überladen. Sonst wird das Geschirr nicht sauber.

- Öko-Programme arbeiten bei Temperaturen von 50 Grad Celsius zwar länger als Normalprogramme. Sie benötigen aber viel weniger Wasser und Strom, da das Wasser nicht so hoch erhitzt wird. Rund 35 Euro lassen sich dadurch laut Energieversorger ENBW im Jahr sparen.

MEHR HANDARBEIT

Heutzutage gibt es viele elektronische »Helferlein« für die Küche, die das Leben zwar manchmal erleichtern, aber nicht unbedingt notwendig sind. Zitrusfrüchte auspressen, Milch aufschäumen oder Saucen, Sahne und Cremes aufschlagen kann man leicht auch per Hand.

Es macht Sinn, bei Bedarf gebrauchte Elektrogeräte zu kaufen, die in Online-Kleinanzeigenmärkten oder auf Flohmärkten zu finden sind. Auch wenn sie energetisch nicht up to date sind: Mit jedem Gerät, das nicht neu gebaut werden muss, werden Ressourcen gespart. Sollen dennoch neue Elektrogeräte in den Haushalt ein- ziehen, unbedingt darauf achten, dass es sich um energie- effiziente Produkte handelt.

KAPITEL 8

Preiswert kochen – Rezepte für jeden Tag

Wie Frühstück, Mittagessen und Abendessen lecker und preiswert gelingen, was auch Kindern schmeckt und welche Fertigprodukte sich einfach selber machen lassen.

Alle Rezepte sind für vier Portionen.

Diese Icons bei den Rezepten lassen auf einen Blick folgende Eigenschaften erkennen:

 Vegan

 Vegetarisch

 Gut zum Mitnehmen

 Mögen auch Kinder

 Lässt sich gut vorbereiten

Crunchy Müsli mit Obst-Joghurt

Zutaten

4 EL Haferflocken
4 EL Cornflakes
2 EL Sonnenblumenkerne
2 EL Mandelblättchen
2 EL Rapsöl
2 EL Honig
4 EL 5-Korn-Flocken
600 g Obst der Saison (zum Beispiel 1 Apfel, 2 Mandarinen, 1 Banane)
300 g Sojajoghurt
1 TL Zimt

Zubereitung

1. Haferflocken, Flakes, Kerne und Mandeln in einer Schüssel mischen. Dann alles in eine weite Pfanne geben, unter Rühren anrösten. Sobald die Mischung zu bräunen beginnt, Öl und Honig einrühren. Weiterrühren, damit sich alle Zutaten gleichmäßig vermischen. Etwa 4 Minuten rösten. Die Knuspermischung in eine Schüssel geben, die 5-Korn-Flocken unterheben und alles kurz auskühlen lassen.

2. In der Zwischenzeit Obst putzen und klein schneiden. Joghurt und Zimt mischen. Das Obst unter den Joghurt heben. Müsli auf vier Schalen verteilen. Dazu den Obst-Joghurt reichen.

Tipps

- Wer keinen Sojajoghurt mag oder möchte, kann auch einfach Haferdrink über das Crunchy Müsli geben.

- Die Knuspermischung lässt sich gut auf Vorrat zubereiten. Dafür die Müslizutaten vervierfachen, backen und nach dem Abkühlen in eine Keksdose füllen.

Schoko-Porridge

Zutaten

375 ml Haferdrink
1 Prise Salz
125 g feine Haferflocken
600 g Obst der Saison (zum Beispiel Beeren plus Äpfel)
10 Walnusskerne
2 EL »echtes« Kakaopulver (ohne Zuckerzusatz)
2 TL Apfeldicksaft (optional)

Zubereitung

1. Haferdrink und 1 Prise Salz in einen Topf geben. Haferflocken zufügen und alles unter Rühren aufkochen. Den Herd ausstellen und den Porridge etwa 10 Minuten ausquellen lassen. Je länger er quillt, desto süßer und sämiger wird er, aber auch umso fester. Eventuell noch etwas Wasser zufügen.

2. In der Zwischenzeit Obst putzen und gegebenenfalls klein schneiden. Walnüsse hacken.

3. Kakaopulver mit wenig kaltem Wasser glatt rühren. Unter den Porridge rühren. Eventuell mit Apfeldicksaft abschmecken.

4. Je eine Portion Porridge in eine Müslischale geben. Dazu das Obst reichen.

Frühstücks-Couscous

Zutaten

1 EL Rapsöl
1–2 TL Zimt
800 ml Hafer- oder anderer
   Pflanzendrink
400 g Vollkorncouscous

600 g Obst der Saison
   (zum Beispiel Orangen,
   Bananen)
etwas Honig zum Süßen
   (optional)
400 ml Orangensaft

Zubereitung

1. Öl erhitzen. Zimt kurz anschwitzen, bis er zu duften beginnt. Pflanzendrink zugeben und aufkochen. Couscous einrühren und ihn kurz ausquellen lassen. Dies dauert nur wenige Minuten. Immer wieder umrühren, damit der Couscous nicht ansetzt.

2. Obst waschen, putzen und klein schneiden. Mit dem Couscous mischen. Eventuell mit etwas Honig süßen.

3. Den Couscous auf vier Müslischalen verteilen. Mit etwas Orangensaft genießen.

Tipp

• Couscous wird aus Weizen hergestellt. Wer das darin enthaltene Gluten nicht verträgt, kann alternativ Milchreis verwenden. Er gart mit rund 20 Minuten länger als Couscous.

Overnight Oats

Zutaten

200 g feine Haferflocken
600 ml Haferdrink
2 EL geschroteter Leinsamen
100 g Haselnüsse
400 g Obst der Saison (zum Beispiel Beeren, Äpfel)
1 große Banane
400 g Soja- oder Haferjoghurt
1 EL Zimt

Zubereitung

1. Schon am Abend zuvor je 50 Gramm Haferflocken auf vier Müslischalen verteilen. Jeweils 150 Milliliter Pflanzendrink und ¼ Esslöffel Leinsamen dazugeben und gut umrühren. Alles abgedeckt in den Kühlschrank stellen.

2. Am nächsten Morgen die Schalen aus dem Kühlschrank nehmen. Nüsse hacken und kurz in der Pfanne ohne Fett anrösten. Obst waschen, putzen und je nach Sorte klein schneiden. Banane mit der Gabel zerdrücken. Pflanzenjoghurt mit Zimt und Banane gut verrühren.

3. Obst-Joghurt auf die Bowls mit Overnight Oats verteilen, Zimt-Bananen-Joghurt draufgeben und mit Nüssen bestreuen.

Apfel-Mohn-Pancakes

Zutaten

130 g Dinkelmehl (Type 1050)
1½ TL Weinstein-Backpulver
½ TL Natron
150 g feine Hafervollkorn-
    flocken
2 EL Mohn
1 TL Zimt

Salz
2 TL Apfel- oder Birnen-
    dicksaft
1 Glas (700 g) Apfelmark
150 ml Sojadrink
175 ml Mineralwasser
Rapsöl zum Backen

Zubereitung

1. Mehl mit Backpulver und Natron mischen. Haferflocken, Mohn, Zimt, 1 Prise Salz und Dicksaft zufügen. Dann 100 Gramm Apfelmark, Sojadrink und Mineralwasser zufügen. Alles zu einem dicklichen Teig verrühren.

2. Eine beschichtete Pfanne (Ø 28 cm) mit etwas Öl einpinseln. 4 Esslöffel Teig mit etwas Abstand in die Pfanne geben. Teig etwas flach drücken und Pancakes etwa 2 Minuten backen. Dann wenden und nochmals 2 Minuten backen. Warm stellen. Die übrigen Pancakes ebenso backen.

3. Das restliche Apfelmark zu den Pancakes reichen.

Tipp

• Gleich die doppelte Menge Pancakes zubereiten und eine Hälfte einfrieren.

Good-Morning-Brötchen

Zutaten

400 g Dinkelmehl (Type 1050)
100 g Dinkelvollkornmehl
1 Päckchen Trockenhefe
ca. 1 TL Salz
6 TL Mohn, Sesam, Kürbis- oder Sonnenblumenkerne

Zubereitung

1. Dinkelmehle, Hefe und Salz in eine Schüssel geben und mischen. Etwa 300 Milliliter warmes Wasser dazugeben. Alles mit dem Knethaken des Handrührgeräts circa 3 Minuten mischen, dann kurz von Hand bearbeiten. Der Teig sollte leicht klebrig sein. Schüssel mit einem Handtuch abdecken und den Teig circa 30 Minuten an einem warmen Ort gehen lassen. Dann nochmals kurz kneten und ihn über Nacht, mindestens aber 6 Stunden, im Kühlschrank gehen lassen.

2. Am nächsten Tag den Teig etwa 5 Minuten kneten. Eventuell noch etwas Mehl einarbeiten, sollte der Teig sehr klebrig sein. Aus dem Teig 12 Brötchen formen. Teigstücke auf ein mit Backpapier ausgelegtes Backblech setzen und mit je ½ Teelöffel Körnern der Wahl bestreuen.

3. Eine feuerfeste, mit Wasser gefüllte Schüssel auf den Boden des Backofens stellen. Backblech in den Ofen schieben und die Brötchen mit Umluft bei 175 Grad Celsius circa 20 Minuten backen, bis sie leicht gebräunt sind.

4. Herausnehmen und kurz abkühlen lassen.

Tipps

- Mehl ist ein recht günstiges Lebensmittel. Verwenden Sie darum möglichst Biomehl.

- Durch die lange Gehzeit über Nacht oder mehrere Stunden sind die Brötchen besonders bekömmlich, denn sogenannte FODMAPS (Fermentable Oligo-, Di-, Monosaccharides and Polyols) und Gluten werden abgebaut. Manche Menschen vertragen diese Substanzen nicht.

Kerniges Brot ohne Mehl

Zutaten

100 g Sonnenblumenkerne
100 g Kürbiskerne
200 g Hafervollkornflocken
1 EL geschroteter Leinsamen
3 EL Flohsamenschalen
100 g Haselnüsse
Salz
2 EL Tahin (Sesampaste)

Zubereitung

1. Alle Zutaten in einer Schüssel mischen. Etwa 500 Milliliter lauwarmes Wasser zugeben und alles zu einem breiigen Teig vermengen. Den Teig mindestens 4 Stunden, besser noch über Nacht, ausquellen lassen.

2. Die Brotmasse nochmals gründlich kneten, sodass sich alle Zutaten gut zusammenfügen. Sollte sie zu trocken sein, noch etwas Wasser zugeben. Ist sie sehr feucht, den Teig mit ein paar Haferflocken binden. Aus dem Teig zwei Brotlaibe formen und die Laibe auf ein gefettetes Backblech legen. Brote mit etwas Wasser bestreichen und in den Ofen schieben.

3. Ein mit Wasser gefülltes feuerfestes Gefäß auf den Boden des Backofens stellen. Brot etwa 80 Minuten mit Umluft bei 175 Grad Celsius backen. Eventuell nach 30 Minuten abdecken, wenn das Brot zu sehr bräunt.

Tipps

- Am besten werden gleich mehrere Brote gebacken und eingefroren.

- Dazu schmeckt ein Brotaufstrich aus Quark mit Marmelade oder einfach Butter beziehungsweise Margarine.

- Das Brot ist sehr saftig und darum ideal für unterwegs, da man es auch »ohne alles« genießen kann.

- Liegt es schon ein paar Tage, lässt es sich prima toasten.

Bohnenbratlinge mit Feldsalat

Zutaten

1 Glas Kidneybohnen (320 g)
2 Lauchzwiebeln
1–2 Knoblauchzehen
200 g Feldsalat oder anderer Salat der Saison
2 mittelgroße Äpfel
2 EL Apfelessig
5 EL Olivenöl
1 EL getrocknete italienische Kräuter
Salz
frisch gemahlener schwarzer Pfeffer
150 g feine Haferflocken
2 EL Flohsamenschalen oder geschroteter Leinsamen
3 TL Chiliflocken
2 TL geräuchertes Paprikapulver
1 EL Sojasauce
300 g Sojajoghurt
ca. 6 EL Rapsöl zum Braten

Zubereitung

1. Für die Bohnenbratlinge Kidneybohnen auf einem Sieb abtropfen lassen, dabei die Flüssigkeit auffangen. Lauchzwiebeln putzen, Knoblauch pellen, beides fein schneiden. Salat putzen und zerzupfen, Äpfel waschen, entkernen und klein schneiden. Aus Essig, 4 Esslöffel Olivenöl, Kräutern und 2 Esslöffel Wasser ein Dressing anrühren. Mit Salz und Pfeffer abschmecken.

2. In einer Schüssel Bohnen, Haferflocken, Flohsamen-schalen oder Leinsaat, Lauchzwiebeln und Knoblauch mit 2 Esslöffel Bohnenflüssigkeit vermengen. 2 Teelöffel Chiliflocken, Paprikapulver, Sojasauce, restliches Olivenöl, Pfeffer und eventuell etwas Salz zugeben. Alles sehr gut mit einem Kartoffelstampfer oder einer Gabel zerdrücken, sodass ein homogener Teig entsteht. Aus der Masse 12 Bratlinge formen.

3. Sojajoghurt mit 1 Teelöffel Chiliflocken, Pfeffer und Salz mischen. Feldsalat und Äpfel mit dem Dressing mischen.

4. Bratlinge portionsweise in Öl knusprig braten. Mit Salat und einem Klecks Chili-Joghurt auf Tellern anrichten.

Tipps

- Wer die Bratlinge mit ins Büro nehmen möchte, bereitet sie am besten schon am Abend zu.

- Die Bratlinge lassen sich auch mit Kicher-erbsen zubereiten. Es gibt sie bereits fertig gegart im Glas zu kaufen.

Gemüse-Bowl mit Hafer-Balls

Zutaten

Für die Hafer-Balls

120 g Sesamsamen
1 Lauchzwiebel
100 g Semmelbrösel
70 g feine Haferflocken
2 EL geschroteter Leinsamen
1 EL Olivenöl
je ½ TL Curry und Kurkuma

½ TL geräuchertes Paprikapulver
frisch gemahlener schwarzer
  Pfeffer
Salz
4 EL Kokosfett

Für Dressing und Couscous

2 EL Olivenöl
1 EL Aceto balsamico
1 TL Senf
1 TL Honig
Salz
1 rote Zwiebel
1 Stange Lauch

4 große Karotten
2 EL Rapsöl
frisch gemahlener schwarzer
  Pfeffer
1 EL Gemüsebrühe
125 g Couscous

Zubereitung

1. Sesam unter Rühren anrösten und abkühlen lassen.
   Lauchzwiebel klein schneiden. Beides mit Semmelbröseln,
   Haferflocken, Leinsamen, 1 EL Olivenöl, Curry, Kurkuma,
   geräuchertem Paprikapulver, Pfeffer und Salz mischen.
   Knapp 400 Milliliter Wasser zugeben und alles zu einer
   geschmeidigen Masse verrühren. Nochmals mit Pfeffer
   und Salz abschmecken. Etwa 10 Minuten quellen lassen.

2. In der Zwischenzeit aus restlichem Olivenöl, Essig, Senf, Honig, 2 Esslöffel Wasser und etwas Salz ein Dressing anrühren. Zwiebel, Lauch und Karotten putzen und fein würfeln.

3. Rapsöl erhitzen. Lauch andünsten, übriges Gemüse zugeben. Circa 5 Minuten garen. Mit Salz und Pfeffer abschmecken.

4. 250 Milliliter Wasser mit Gemüsebrühe verrühren. In einem Topf aufkochen und Couscous einrühren, Temperatur auf Stufe 1 herunterschalten und den Couscous zugedeckt etwa 10 Minuten quellen lassen.

5. Haferteig nochmals gut kneten. Aus der Masse etwa 12 Kugeln formen. Kokosfett erhitzen und die Kugeln rundherum anbraten. Temperatur herunterschalten und etwa 10 Minuten weitergaren. Darauf achten, dass die Balls auch innen gar sind.

6. Couscous, Gemüse und Haferbällchen auf vier große Müslischalen verteilen. Das Dressing darüberträufeln.

Tipps

- Zum Mitnehmen je eine Portion in ein großes Glas füllen. Zuerst den Couscous hineinfüllen, darauf das Gemüse und dann die Haferkugeln geben. Das Dressing extra mitnehmen und später darüberträufeln.

- Je nach Jahreszeit passen auch andere Gemüsesorten wie grüne Bohnen, Erbsen, Blumenkohl oder Brokkoli.

Kürbispizza mit Ziegenkäse

Zutaten

500 g Weizenmehl
(Type 1050)
1 Päckchen Trockenhefe
1 TL Salz
7 EL Olivenöl
1 kleiner Hokkaidokürbis
(circa 500 g)
1 rote Zwiebel

1 TL Gemüsebrühe (Instant)
1 Rolle (180 g) Ziegenweich-
käse oder 1 Stück Bergkäse
1 Handvoll Rucola
frisch gemahlener schwarzer
Pfeffer
3 Stiele frischer Rosmarin
2 TL Honig (optional)

Außerdem
etwas Fett für das Backblech

Zubereitung

1. Mehl mit Trockenhefe und Salz mischen, 5 EL Olivenöl zugeben und alles vermengen. 250 Milliliter lauwarmes Wasser dazugeben. Von Hand oder mit den Knethaken des Handrührgeräts kurz zu einem elastischen Teig verkneten. Sollte er zu trocken sein, noch etwas Wasser dazugeben. Ist er zu feucht, ein wenig Mehl unterkneten. Teigschüssel mit einem Küchenhandtuch abdecken und an einem warmen Ort mindestens 45 Minuten gehen lassen.

2. In der Zwischenzeit den Kürbis waschen, durchschneiden und die Kerne entfernen. Zwiebel pellen und fein würfeln. Kürbis in Stücke schneiden. Gemüsebrühe in 250 Milliliter Wasser auflösen.

3. 2 EL Olivenöl erhitzen, Zwiebel andünsten. Kürbis und Brühe dazugeben. 15–20 Minuten zugedeckt garen.

4. Inzwischen Käse in dünne Scheiben schneiden beziehungsweise raspeln. Rucola waschen und gegebenenfalls klein zupfen. Backblech einfetten.

5. Den Kürbis-Zwiebel-Mix in der Brühe pürieren, sodass eine streichfähige, nicht zu dünne Paste entsteht. Mit Pfeffer abschmecken. Den Pizzateig auf der bemehlten Arbeitsfläche etwa 5 Minuten kneten. In der Größe des Backblechs ausrollen oder eine große beziehungsweise zwei kleinere Pizzen frei formen. Teigstücke vorsichtig auf das Blech legen. In den Backofen schieben und sie mit Umluft bei 175 Grad Celsius circa 10 Minuten vorbacken.

6. Den Teig herausnehmen und mit der Kürbismasse bestreichen, Käse darauf verteilen und alles mit Rosmarin bestreuen. Eventuell Honig auf den Ziegenkäse träufeln. Noch einmal 10 Minuten bei 175 Grad Celsius backen.

7. Pizza herausnehmen, Rucola darauf verteilen. Pizza vorsichtig in Stücke schneiden und sofort servieren.

Tipps

- Dazu schmeckt Karotten-Apfel-Salat mit gerösteten Sonnenblumenkernen.

- Die Pizza lässt sich gut einfrieren. Für den Vorrat einfach gleich die doppelte Menge zubereiten.

Kartoffeln vom Blech

Zutaten

1 kg festkochende Kartoffeln
ca. 4 EL Olivenöl
2 EL Paprikapulver
frisch gemahlener schwarzer Pfeffer
Salz
250 g Magerquark
250 g Quark (40 % Fett)
1 kleines Bund Petersilie
1 kleines Bund Schnittlauch

Außerdem
etwas Fett für das Backblech oder Backpapier

Zubereitung

1. Kartoffeln gründlich unter Wasser abbürsten und je nach Größe halbieren oder in Viertel schneiden. Ein Backblech fetten oder mit Backpapier auslegen. Kartoffeln auf das Backblech geben.

2. Öl mit Paprika, Pfeffer und Salz in einer großen Schüssel mischen. Kartoffeln hineingeben und darin wenden, sodass sie rundherum mit dem Gewürzöl bedeckt sind. Auf das Backblech geben und mit Umluft bei 180 Grad Celsius circa 35 Minuten backen. Zwischendurch einmal die Kartoffeln mit einem Pfannenwender wenden.

3. Quarksorten mit etwas Wasser verrühren, sodass der Quark cremig wird. Kräuter waschen und mit dem Wiegemesser fein schneiden. Unter den Quark heben. Mit Pfeffer und Salz abschmecken.

4. Kartoffeln auf Tellern mit zum Beispiel einem grünen Salat anrichten und mit dem Quark servieren.

Tipps

- Das Gericht kann auch im Mix mit Süßkartoffeln zubereitet werden. Kinder mögen das leicht Süßliche. Süßkartoffeln sind aber etwas teurer als normale Kartoffeln.

- »Neue Kartoffeln« oder »Frühkartoffeln« lohnen nicht. Sie schmecken oft fad und sind deutlich teurer als gelagerte Kartoffeln.

One-Pot-Pasta

Zutaten

Für das Gemüse

3 Lauchzwiebeln
1 rote Zwiebel
2 Knoblauchzehen
1 kleine Zitrone
5 EL Olivenöl
3 Zweige Basilikum
4 TL Gemüsebrühe (Instant)

200 ml Hafersahne oder
    Sahne
300 g TK-Spinat
400 g Nudeln
frisch gemahlener schwarzer
    Pfeffer

Für das Pesto

1 Glas getrocknete Tomaten
    in Öl (180 g)
50 g Parmesankäse
1 Knoblauchzehe

25 g Mandeln
½ TL Chiliflocken
Salz (optional)

Zubereitung

1. Lauchzwiebeln, Zwiebel und Knoblauch pellen und fein schneiden. Zitrone waschen, Schale abreiben und mit 2 Esslöffel Olivenöl vermischen, dann Zitrone auspressen. Basilikum waschen und Blätter von den Stängeln zupfen. Gemüsebrühe mit 800 Milliliter Wasser verrühren, dann Hafersahne zufügen.

2. 3 Esslöffel Olivenöl in einem großen Topf erhitzen. Zwiebel und Knoblauch andünsten. Spinat und Basilikum zugeben und kurz mitdünsten. Pasta zugeben, Brühe und

Sahne angießen. Alles zum Kochen bringen, circa 10–15 Minuten garen. Ab und zu umrühren, damit nichts ansetzt. Eventuell noch etwas Wasser zugeben.

3. In der Zwischenzeit für das Pesto Tomaten aus dem Glas nehmen und auf ein Brett geben, dabei das Öl auffangen. Tomaten grob zerkleinern. Käse in Stückchen schneiden, Knoblauch schälen und würfeln.

4. Das Öl der eingelegten Tomaten in einen Mixer, Nuss-Zerkleinerer oder Pesto-Maker geben. Käse, Knoblauch, Mandeln und Tomaten zufügen. Mixen, bis eine cremige, homogene Masse entstanden ist. Es funktioniert auch mit einem Mixer mit Pürieraufsatz oder mithilfe eines Pürierstabs. Mit Chiliflocken und eventuell etwas Salz abschmecken.

5. Spinat-Pasta mit dem Zitronenöl und -saft sowie etwas Pfeffer abschmecken. Dazu das Pesto reichen.

Tipps

- Wenn Kinder mitessen, die Chiliflocken weglassen.

- Wer keinen Weizen essen möchte:
  Die One-Pot-Pasta schmeckt auch mit Nudeln aus Linsen oder Kichererbsen. Sie haben allerdings eine kürzere Garzeit, die beachtet werden sollte, sonst wird es matschig. Nudeln aus Hülsenfrüchten sind reich an Eiweiß und Ballaststoffen und sättigen somit gut.

Würzige Wraps

Zutaten

1 EL Gemüsebrühe (Instant)
125 g Sojahack (Instant)
150 g Reis
Salz
2 Lauchzwiebeln
1 gelbe Paprika
4 Salatblätter
2 Karotten
1 Zitrone
2 Zweige Petersilie oder andere Kräuter der Saison
4 EL Rapsöl
1 Glas (350 g) Kidneybohnen
250 ml passierte Tomaten
1 EL getrockneter Thymian
frisch gemahlener schwarzer Pfeffer
8 kleine Vollkornwraps

Zubereitung

1. ¼ Liter Wasser im Kocher aufkochen. In eine Schüssel geben und Gemüsebrühe zufügen, gut verrühren. Sojahack dazugeben, mischen und circa 15 Minuten quellen lassen.

2. Inzwischen Reis mit der doppelten Menge Wasser und etwas Salz zum Kochen bringen. Zugedeckt circa 20 Minuten quellen lassen.

3. Lauchzwiebeln putzen und in Ringe schneiden, aus der Paprika Kerne entfernen und Paprika fein würfeln. Salat waschen und trocken tupfen. Karotten schälen und fein raspeln. Zitrone waschen. Von einer halben Zitrone die Schale abreiben, dann die Zitrone auspressen. Karottenraspel mit etwas Zitronensaft vermengen. Kräuter fein hacken.

4. Öl in einer weiten Pfanne erhitzen. Die Lauchzwiebeln andünsten, Paprika zufügen. Sojamasse in die Pfanne geben und alles circa 5 Minuten unter Rühren braten. Kidneybohnen und passierte Tomaten zufügen, aufkochen und alles circa 10 Minuten ziehen lassen. Kräftig mit Thymian, Pfeffer und eventuell etwas Salz abschmecken.

5. Wraps ausrollen. An einer Seite ein wenig einschlagen. In die Mitte je ½ Salatblatt legen und etwas Bohnen-Soja-Füllung, Reis und Karottenraspel draufgeben und mit Kräutern bestreuen. Zwei weitere Seiten einschlagen und Wrap von der zuerst eingeschlagenen Seite her aufrollen. Übrige Bohnenmasse dazu reichen.

Tipps

- Das Gericht lässt sich prima vorbereiten. Die Bohnen-Soja-Masse kann am Vortag gekocht werden, das Gemüse wird frisch geschnippelt.

- Sollten Salatblätter bei den Kindern nicht so gut ankommen, diese einfach weglassen.

Gemüsereis
mit Räuchertofu

Zutaten

3 Karotten
1 rote Zwiebel
½ Glas Mais (230 g)
200 g Räuchertofu
4 EL Öl
250 g Risottoreis (Rundkornreis)
750 ml Gemüsebrühe (Instant)
Salz (optional)
½ Bund Petersilie

Zubereitung

1. Karotten schälen und in dünne Scheiben schneiden.
   Zwiebel pellen und sehr fein hacken. Vom Mais das
   Wasser abgießen. Tofu in Würfel schneiden.

2. 2 Esslöffel Öl in einem weiten Topf erhitzen, Zwiebel
   und Karotten anbraten. Reis dazugeben und rühren,
   bis die Körner glasig werden. Brühe angießen und alles
   10 Minuten unter Rühren bei kleiner Temperatur garen,
   bis die Flüssigkeit verdampft ist. Mais zugeben und
   nochmals 5 Minuten garen. Topf vom Herd nehmen.
   Eventuell mit etwas Salz abschmecken.

3. Restliches Öl erhitzen, Tofuwürfel 5 Minuten anbraten. Zum Reis geben.

4. Petersilie waschen, trocken schütteln und fein wiegen. Über den Reis geben.

Tipps

• Das Gericht lässt sich auch mit Hirse oder Couscous zubereiten. Die Garzeiten stehen jeweils auf der Verpackung.

• Der restliche Mais kann in den Apfel-Mais-Salat gegeben werden (siehe Seite 224).

Apfel-Mais-Salat

Zutaten

½ Glas Mais (230 g)
2 mittelgroße Äpfel
2 Orangen
1 Chicorée
Saft von 1 Orange oder 100 ml Orangensaft
500 g Sojajoghurt oder Joghurt
1 TL Zucker oder ½ TL Honig
Salz
frisch gemahlener schwarzer Pfeffer

Zubereitung

1. Mais in eine große Schüssel geben. Obst schälen, putzen und klein schneiden. Chicorée waschen und in Ringe schneiden. Alles mischen.

2. Orange auspressen. Mit Joghurt, Zucker beziehungsweise Honig sowie Salz und Pfeffer verrühren. Unter die Salatzutaten heben. Circa 1 Stunde durchziehen lassen.

Tipp

- Dazu schmeckt Vollkornbrot mit Veggie-Butter oder Kräuterquark.

Curry-Karotten-Aufstrich mit Vollkornbrötchen

Zutaten

400 g Karotten
2 Lauchzwiebeln
1 kleine Dose (200 ml)
  Kokosmilch
1 TL Curry (mittelscharf)

1 Messerspitze Bockshorn-
  klee
1 TL Kurkuma
3 EL feine Haferflocken
Salz
4 Vollkornbrötchen

Zubereitung

1. Karotten schälen und auf der Reibe fein raspeln. Lauchzwiebeln putzen und in feine Stückchen schneiden.

2. Dose mit Kokosmilch öffnen. Die feste Masse, die obenauf
sitzt, abheben und in einem Topf erhitzen. Gewürze darin
anschwitzen, bis sie duften. Dann das Gemüse und die
restliche Kokosmilch dazugeben und alles 5 Minuten bei
offenem Deckel dünsten.

3. Haferflocken einrühren und alles 5 Minuten quellen
lassen, bis die Flüssigkeit verdampft ist.
Die Masse etwas abkühlen lassen. Dann in ein hohes
Gefäß umfüllen. Mit dem Pürierstab fein rühren.
Die Paste mit etwas Salz abschmecken. Zu Vollkorn-
brötchen reichen.

Laugenstangen mit Gurkensalat

Zutaten

500 g Dinkelmehl (Type 1050)
1 Päckchen Trockenhefe
1 TL Zucker
Salz
ca. ¼ l lauwarmes Wasser
30 g Margarine oder vegane
  Butter

2 mittelgroße Salatgurken
½ Bund Dill
4 EL Olivenöl
2 EL heller Balsamicoessig
Zucker
2 EL grobes Meersalz

Zubereitung

1. Mehl, Hefe, Zucker, ½ TL Salz und Wasser vermischen. Margarine oder Veggie-Butter unterkneten. Sollte der Teig zu trocken sein, noch etwas Wasser unterkneten. Den Teig circa 30 Minuten gehen lassen.

2. In der Zwischenzeit Gurken schälen, abspülen und auf der Gemüsereibe in dünne Scheiben hobeln. Für das Dressing Dill waschen und fein hacken. Mit Öl, Balsamicoessig, 1 Prise Zucker und etwas Salz verrühren. Von den gehobelten Gurken eventuell das Wasser abgießen. Dann mit der Essig-Öl-Marinade mischen. Ziehen lassen.

3. Den Teig nochmals kneten. Daraus Brötchen oder Stangen formen. 1 Teelöffel Salz in etwas Wasser auflösen. Die Brötchen damit bestreichen und mit grobem Meersalz bestreuen. Die Teigstücke auf ein gefettetes Backblech legen und mit Umluft bei 175 Grad Celsius circa 25 Minuten backen. Ab und an prüfen, dass die Stangen nicht zu dunkel werden.

4. Laugenstangen zum Salat reichen.

Tipp

• Dazu schmeckt auch ein Tomatensalat oder ein Mix aus Karotten, Rote Bete und Apfel.

Pizza-Muffins

Zutaten

300 g Dinkelmehl (Type 630)
2 TL Backpulver
½ TL Salz
frisch gemahlener schwarzer Pfeffer
6 EL Öl
3 EL geschroteter Leinsamen
250 ml Haferdrink
175 g Mais (Glas)
250 g geräucherter Tofu
Muffinblech oder Förmchen aus Papier
Öl für die Form (nach Bedarf)

Außerdem
1 Muffinblech oder 8 Muffinförmchen
etwas Fett für das Blech oder die Förmchen
 (bei Silikonformen nicht nötig)

Zubereitung

1. Mehl und Backpulver in einer Schüssel mischen. Salz,
   Pfeffer und Öl dazugeben. Leinsamen und Haferdrink
   mischen, 5 Minuten quellen lassen. Dann zum Mehl
   geben. Alles zu einem Teig verrühren.

2. Mais gut abtropfen lassen. Tofu in kleine Würfel
   schneiden. Alles zum Teig geben und gut unterkneten.

3. Muffinblech fetten beziehungsweise Muffinförmchen auseinanderfalten. Teig gleichmäßig auf die Förmchen verteilen. Sie sollten zu drei Viertel gefüllt sein.

4. Muffinform oder -förmchen auf den Rost des Backofens stellen und mit Umluft bei 175 Grad Celsius circa 30 Minuten backen. Eventuell nach 20 Minuten abdecken, damit die Muffins nicht zu braun werden.

Tipps

- Zum Binden von Teigen lässt sich statt Eiern sehr gut Leinsamen verwenden. 1 Esslöffel Leinsamen plus 1–2 Esslöffel Wasser sind Ersatz für ein Ei. Das Ganze wird auch »Lei« genannt. Am besten quillt geschroteter Leinsamen auf, und er ist auch besser für den Körper verfügbar. Für süße Rezepte eignen sich als Eiersatz alternativ auch eine reife Banane oder Apfelmus.

- Übrig gebliebene Muffins sind am nächsten Tag ein prima »Pausenbrot« oder können eingefroren werden.

Leichte Kartoffel-Orangen-Suppe

Zutaten

1 rote Zwiebel
500 g Süßkartoffeln
300 g Hokkaidokürbis
2 EL Olivenöl
1 Stück frische Ingwerwurzel à circa 2 cm
Saft von 1 Orange
3 EL Kokosmilch
Salz
frisch gemahlener schwarzer Pfeffer

Zubereitung

1. Zwiebel pellen und in Scheiben schneiden. Süßkartoffeln schälen und würfeln. Kürbis waschen, entkernen und in Stücke schneiden.

2. Öl erhitzen, Zwiebel darin andünsten. Kürbis und Süßkartoffeln zugeben, ¾ Liter Wasser angießen. Wer die Suppe dünn mag, kann auch 1 Liter Wasser nehmen. Zugedeckt circa 10 Minuten garen.

3. In der Zwischenzeit Ingwer schälen und fein würfeln.

4. Topf vom Herd nehmen. Ingwer, Orangensaft und Kokosmilch zugeben und alles mit dem Pürierstab pürieren. Mit Salz und Pfeffer abschmecken.

Tipps

- Gleich die doppelte Menge zubereiten und am übernächsten Abend anbieten oder eine Portion mittags mit ins Büro nehmen.

- Pürierte Suppen sind preiswert und lecker. Schöne und günstige Kombinationen sind auch Karotten und Kartoffeln oder Zucchini, Lauch und Kartoffeln.

Pfannkuchen ohne Ei

Zutaten

300 g Kichererbsenmehl
4 EL geschroteter Leinsamen
2 TL Curry
2 Zweige glatte Petersilie
100 g Salat nach Saison (zum Beispiel Feldsalat, Kopfsalat, Endiviensalat)
½ Glas (150 g) Tomaten in Öl
Salz
frisch gemahlener schwarzer Pfeffer
4 TL Rapsöl

Zubereitung

1. Mehl, Leinsamen und Curry mischen. 600 Milliliter Wasser zufügen und alles zu einem glatten Teig verrühren. Etwa 15 Minuten quellen lassen.

2. In der Zwischenzeit Petersilie waschen, Blättchen abzupfen und in Streifen schneiden. Salat waschen, putzen und fein schneiden. Tomaten aus dem Glas nehmen und mit dem anhaftenden Öl klein schneiden. Dann mit Petersilie und Salat so vermengen, dass sich das Öl der Tomaten gut mit den übrigen Salatzutaten vermischt. Eventuell Noch etwas Öl aus dem Glas dazugeben, sollte es zu »trocken« sein.

3. Den Pfannkuchenteig gut umrühren. Sollte er sehr dickflüssig sein, eventuell noch etwas Wasser zugeben. Mit Salz und Pfeffer abschmecken.

4. 1 Teelöffel Öl erhitzen, einen Pfannkuchen backen und warm stellen. Mit den weiteren ebenso verfahren.

5. Jeden Pfannkuchen zur Hälfte mit Salat füllen, zuklappen und genießen.

Tipp

- Kichererbsenmehl gibt es in Drogeriemärkten mit Bio-Angebot und im Biosupermarkt und -laden. Wenn es nicht erhältlich ist, eignet sich auch Dinkelmehl Type 1050.

Linsen-Couscous-Salat

Zutaten

200 g rote Linsen
Salz
125 g Couscous
250 g kleine Tomaten
2 Lauchzwiebeln
100 g Rucola
5 Radieschen

4 EL Aceto balsamico
1 EL Senf
3 EL Olivenöl
frisch gemahlener schwarzer
   Pfeffer
1 Knoblauchzehe
1 Bund glatte Petersilie

Zubereitung

1. Linsen in 400 Milliliter leicht gesalzenem Wasser circa 15 Minuten garen. Couscous mit etwa 250 Milliliter kochendem Wasser übergießen und kurz quellen lassen. Linsen eventuell in einem Sieb abtropfen lassen, sollte noch Flüssigkeit übrig sein. Couscous in eine Schüssel geben, mit einer Gabel auflockern und abkühlen lassen.

2. In der Zwischenzeit Tomaten waschen und halbieren, Lauchzwiebeln putzen, waschen und in Ringe schneiden. Rucola waschen und zerzupfen. Radieschen putzen, waschen und in Scheiben schneiden. Alle Salatzutaten, Linsen und Couscous mischen.

3. Ein Dressing aus Essig, Senf, Öl, Pfeffer und etwas Wasser anrühren. Knoblauch schälen und fein schneiden. Petersilie waschen, trocken schütteln und Blättchen von den Stängeln zupfen. Fein hacken.

4. Dressing, Knoblauch und Petersilie an den Salat geben und alles gut mischen. Nochmals mit Salz und Pfeffer abschmecken.

Tipp

• Rote Linsen sind – anders als andere Linsensorten – schon nach 15 Minuten gar, denn sie sind geschält und garen somit schneller.

Gemüsebrühe ohne Hefe

Zutaten

200 g kleine rote Zwiebeln
200 g Karotten
1 kleines Stück Sellerie
1 kleine Stange Lauch
200 g Tomaten
5 Stängel glatte Petersilie
1 ½ EL Meersalz

Außerdem
Glas mit Twist-off-Deckel

Zubereitung

1. Zwiebeln pellen, Karotten und Sellerie schälen, Lauch und Tomaten putzen. Petersilienblättchen von den Stielen zupfen. Gemüse grob zerkleinern.

2. Zwiebeln, Karotten, Sellerie, Lauch und Tomaten mit Salz in einer tiefen Schüssel mischen. Mit dem Pürierstab peu à peu zerkleinern. Schüssel zum Pürieren ins Waschbecken stellen, da es möglicherweise spritzt. Wenn sich das Messer des Pürierstabs anfangs festsetzt, es immer wieder mit einem Teelöffel freilegen und fortfahren. Mit der Zeit geht es besser. Anschließend Petersilie zufügen und alles zu einer groben Masse pürieren.

3. Backblech mit Backpapier auslegen, die Masse darauf aufstreichen und mit Umluft bei 75 Grad Celsius circa 6 Stunden trocknen. Den Ofen dabei mithilfe eines Kochlöffels aus Holz einen kleinen Spalt offen lassen, damit die Feuchtigkeit abziehen kann. Masse zwischendurch immer wieder umwenden. Sie ist fertig, wenn sie schön krümelig ist.

4. Masse entweder mit den Fingern zerbröseln oder in einem Mörser zerkleinern. In ein Glas füllen.

Tipps

- Die Gemüsebrühe hält sich im Kühlschrank mehrere Wochen. Bitte immer mit einem sauberen Löffel entnehmen.

- Eine weitere Möglichkeit, Gemüsebrühe für den Vorrat herzustellen, ist das Einfrieren. Dafür eine sehr kräftige Gemüsebrühe kochen, diese in Eiswürfelbehälter füllen und einfrieren. Bei Bedarf ein bis zwei Würfel entnehmen und z. B. an Gemüse geben.

Curry-Ketchup

Zutaten

2 kg reife Tomaten
400 g rote Zwiebeln
100 g Pastinake
4 rote Paprikaschoten
150 g brauner Zucker
1 TL Salz
2 TL Curry
frisch gemahlener schwarzer Pfeffer
250 ml Apfelessig

Außerdem
ein paar Twist-off-Gläser oder -Flaschen

Zubereitung

1. Tomaten waschen, halbieren, den Stielansatz heraus-schneiden und Tomaten grob würfeln. Zwiebeln pellen und achteln. Pastinake schälen und in Stücke schneiden. Paprika putzen und würfeln.

2. Gemüse in einen Topf geben. Zucker, Salz, Gewürze und Essig hinzufügen. Aufkochen und etwa 15 Minuten zugedeckt garen.

3. Das Gemüse mit einer »Flotten Lotte« passieren oder durch ein Gemüsesieb streichen. Gemüsemasse erneut zum Kochen bringen. Bei offenem Deckel etwa 40 Minuten einkochen, bis die Flüssigkeit leicht dickflüssig ähnlich Ketchup ist.

4. Sofort in kochend heiß ausgespülte saubere Twist-off-Gläser oder -Flaschen füllen und verschließen.

Tipps

- Der Ketchup kann neben Tomaten auch mit anderen Gemüsearten zubereitet werden, etwa mit Zucchini, Schmorgurken oder Kürbis. Auch ein paar Pflaumen machen sich gut. Die Tomaten müssen aber immer die Hauptzutat im Ketchup sein. Sie enthalten viel Säure, die die Haltbarkeit verbessert.

- Der Ketchup ist ungekühlt etwa ein halbes Jahr haltbar. Damit er nicht schimmelt, nur kochend heiß in die Flasche einfüllen und sofort verschließen.

Pesto mit Walnusskernen

Zutaten

1 Bund Basilikum
2 Knoblauchzehen
ca. 100 g Walnusskerne

ca. 10 EL Olivenöl
Salz

Zubereitung

1. Basilikum abspülen und trocken schütteln. Knoblauchzehen schälen und vierteln. Walnusskerne grob hacken.

2. Olivenöl in einen Universalzerkleinerer oder ein Rührgefäß geben. Je nach Größe des Zerkleinerers einige Basilikumblätter oder auch die Hälfte der Blätter, Knoblauch und etwa die Hälfte Walnusskerne zugeben. Alles fein hacken beziehungsweise pürieren. Übriges Basilikum und restliche Kerne zufügen und ebenfalls zerkleinern. Je nach gewünschter Konsistenz kann die Masse gröber oder auch feiner sein. Sollte sie zu trocken sein, noch etwas Öl zugeben.

3. Zum Schluss mit Salz abschmecken.

Tipp

- Im Kühlschrank hält sich das Pesto etwa eine Woche. Bitte immer mit einem sauberen Löffel entnehmen.

Mayonnaise ohne Ei

Zutaten

2 Knoblauchzehen
120 ml Sojadrink
1 TL Senf
Saft von ½ Zitrone

Salz
frisch gemahlener schwarzer
   Pfeffer
80 ml Rapskernöl

Zubereitung

1. Knoblauch pellen und in Stückchen schneiden. Sojadrink in einen hohen Rührbecher geben. Mit Knoblauch, Senf, Zitronensaft, Salz und Pfeffer kurz von Hand mischen.

2. Pürierstab in den Becher halten und ein paar Tropfen Öl zugeben. Pürieren. Peu à peu tropfenweise weiteres Öl dazugeben, bis alles aufgebraucht ist. Mit der Zeit bildet sich die sämige dickflüssige Masse. Bis die Mayonnaise fertig ist, kann es bis zu 10 Minuten dauern.

Tipp

- Die vegane Mayonnaise steht geschmacklich und auch von der Konsistenz einer Mayo mit Ei in nichts nach. Durch die Verwendung von Rapskernöl erhält sie eine tolle gelbliche Farbe.

Kräuter-Frischkäse-Creme

Zutaten

400 g Sojajoghurt (ohne Zucker und Bindemittel; siehe Tipps)
1 Handvoll Rucola
2–3 Stängel glatte Petersilie
½ Bund Schnittlauch
Schale von ½ kleinen Zitrone
1 TL Olivenöl
frisch gemahlener schwarzer Pfeffer
Salz

Außerdem
1 Filtertüte

Zubereitung

1. Filtertüte in einen Kaffeefilter legen und Sojajoghurt einfüllen. Diesen über Nacht oder mindestens acht Stunden lang abtropfen lassen. Dann Joghurt in eine Schüssel geben.

2. Rucola und Kräuter abspülen. Petersilie von den Stängeln zupfen. Alles fein hacken. Zitrone waschen und die Hälfte der Schale fein abreiben.

3. Sojamasse mit einem kleinen Schneebesen oder Löffel schön cremig rühren. Kräuter und Zitronenschale zugeben und alles gut vermengen. Olivenöl unterrühren. Mit Pfeffer und Salz kräftig abschmecken.

- Wichtig ist, dass für die Zubereitung ein Sojajoghurt ohne weitere Zusätze wie zum Beispiel Stärke oder andere Bindemittel verwendet wird. In der Zutatenliste sollten nur zwei Zutaten stehen: Sojadrink, Milchsäurekulturen.

- Die Flüssigkeit aus dem Soja enthält viele gesunde Milchsäurebakterien und schmeckt säuerlich-frisch. Darum nicht wegschütten, sondern beim Abtropfen auffangen und später ins Müsli geben oder für einen Smoothie nutzen.

- Der Frischkäse kann auch anders gewürzt werden, zum Beispiel mit Curry und Kurkuma oder Paprikapulver. Aber es passen auch andere Kräuter der Saison, zum Beispiel Basilikum, Oregano oder Thymian.

Tomatensauce aus dem Ofen

Zutaten

2 kg reife Tomaten
2 Zwiebeln
3 Zweige Oregano
3 Zweige Thymian
4 EL Olivenöl
2 EL Zucker
2 TL Salz
frisch gemahlener schwarzer Pfeffer

Außerdem
3–4 Gläser mit Twist-off-Deckel

Zubereitung

1. Tomaten waschen, halbieren oder vierteln, dabei den grünen Strunk entfernen. Zwiebeln pellen und in Würfel schneiden. Kräuter waschen und Blättchen von den Stielen zupfen.

2. Fettpfanne des Backofens mit Olivenöl einfetten. Gleichmäßig mit Zucker ausstreuen. Tomaten darauf verteilen, mit Zwiebeln, Kräutern, Salz und Pfeffer bestreuen. Im Backofen mit Umluft bei 190 Grad Celsius circa 45 Minuten backen, bis das Gemüse zusammengefallen ist.

3. In der Zwischenzeit 3–4 Gläser und dazugehörige Twist-off-Deckel mit kochendem Wasser ausspülen.

4. Gemüse aus dem Ofen nehmen und in einen hohen Topf geben. Alles pürieren. Die Sauce in die vorbereiteten Gläser füllen und sofort mit den Deckeln verschließen.

5. Einen großen Kochtopf knapp zur Hälfte mit Wasser füllen, Saucen-Gläser hineinstellen und Wasser zum Kochen bringen. Die Sauce bei 90 Grad Celsius circa 30 Minuten einkochen (sterilisieren). Gläser mithilfe einer Glaszange oder einem Handtuch herausnehmen und abkühlen lassen.

Tipps

- Die Tomatensauce ist auch ohne Kühlung einige Wochen lang haltbar.

- Sollte sich die Möglichkeit bieten, günstig reife Tomaten einzukaufen, gleich die doppelte Menge Sauce zubereiten.

Karotten-Erdnuss-Sauce

Zutaten

2 mittelgroße Zwiebeln
¼ Stück von einem mittelgroßen Sellerie
600 g Karotten
3 EL Rapskernöl
Salz
100 g gesalzene Erdnüsse
frisch gemahlener schwarzer Pfeffer

Außerdem
2 Gläser mit Twist-off-Deckel

Zubereitung

1. Zwiebeln pellen und fein würfeln. Sellerie und Karotten schälen und in kleine Stücke schneiden.

2. Öl erhitzen. Zwiebelwürfel andünsten. Sellerie- und Karottenstücke dazugeben und alles bei geschlossenem Deckel circa 5 Minuten dünsten. Etwa ½ Liter Wasser und etwas Salz dazugeben. Alles circa 20 Minuten zugedeckt garen. Die Karotten sollten dann weich sein.

3. In der Zwischenzeit Erdnüsse grob hacken.

4. Gemüse mit dem Pürierstab fein pürieren. Die Sauce sollte nicht zu dick sein, darum eventuell noch etwas Wasser zugeben. Dann aber nochmals aufkochen.

5. Gehackte Erdnüsse unterrühren und die Sauce kräftig mit Pfeffer abschmecken.

6. Die Sauce in 1 oder 2 Gläser mit Twist-off-Deckel zu gut drei Viertel füllen und verschließen. Abkühlen lassen und einfrieren.

Tipps

- Sauce aus saisonalem Gemüse im Vorrat ist praktisch für die schnelle Küche.

- Wer sie mittags oder abends verwenden möchte, stellt ein Glas am besten morgens schon zum Auftauen heraus.

Marmelade al Gusto

Zutaten

1 kg frisches Obst der Saison (zum Beispiel Erdbeeren,
   Himbeeren oder Johannisbeeren beziehungsweise ein Mix
   daraus)
Saft von 1 Zitrone
500 g Gelierzucker 1 : 2 (ohne Konservierungsstoff
   Sorbinsäure)

Außerdem
4–5 kleine Gläser mit Twist-off-Deckel

Zubereitung:

1. 4–5 kleine Gläser mit Twist-off-Deckel mit kochendem
   Wasser gründlich ausspülen. Abtrocknen.

2. Obst putzen und kurz unter fließend Wasser abspülen.
   Zitrone auspressen.

3. Obst in einen großen Topf geben und mit Zucker und
   Zitronensaft mischen. Fruchtmasse zum Kochen bringen.
   Dabei ständig rühren, damit nichts anbrennt.

4. Ab dem Moment, wo die Masse zu kochen beginnt, 5 Minuten kochen lassen. Aufpassen, dass nichts überkocht, gegebenenfalls den Topf immer mal kurz vom Herd nehmen. Dann eine kleine Menge Marmelade mit einem Löffel auf einen kalten Teller aus Glas oder Porzellan geben. Wenn die Masse zu gelieren beginnt, ist die Marmelade fertig. Wenn nicht, nochmals einige Minuten kochen lassen.

5. Die Marmelade mithilfe eines Gießbechers in die vorbereiteten Gläser füllen, mit den Deckeln verschließen. Abkühlen lassen.

Tipps

- Marmelade lässt sich an sich aus allen Früchten herstellen. Am besten Obst einkaufen, das gerade Saison hat. Sonst rechnet es sich preislich nicht, die Marmelade selbst zu machen.

- Für Gelee wird nur etwa 800 Milliliter Saft je Tüte Gelierzucker 1: 2 verwendet. Der Saft lässt sich mithilfe eines Entsafters zum Beispiel aus Johannisbeeren, Äpfeln oder Quitten selbst herstellen.

Pflaumenmus aus dem Ofen

Zutaten

2 kg Pflaumen
ca. 200 g Rübenzucker
Gewürze wie Sternanis, Zimt und Nelken (nach Geschmack)

Außerdem
etwas Fett für die Fettpfanne
ca. 8 Gläser mit Twist-off-Deckel

Zubereitung

1. Pflaumen waschen und entsteinen. Klein schneiden und mit Zucker und Gewürzen mischen. Sollten die Früchte sehr süß sein, die Zuckermenge gegebenenfalls etwas reduzieren. Umgekehrt aufstocken, wenn die Pflaumen sehr sauer sind.

2. Die Zwetschgenmasse in die gefettete Fettpfanne des Backofens geben und gleichmäßig darauf verteilen. Mit Umluft bei 125 Grad Celsius etwa 2 Stunden garen, bis die Fruchtmasse dick ist und nach Karamell duftet. Immer wieder den Ofen öffnen, damit die Feuchtigkeit abziehen kann. Dabei die Masse umrühren.

3. Circa 8 Twist-off-Gläser mit kochendem Wasser ausspülen. Das Pflaumenmus sehr heiß einfüllen und sofort verschließen.

Apfelmus ohne Zuckerzusatz

Zutaten

2,5 Kilo Äpfel (zum Beispiel Fallobst)
400 ml Apfelsaft
2 TL Zimt oder 1 Zimtstange

Außerdem
5 mittelgroße Gläser mit Twist-off-Deckel

Zubereitung

1. Äpfel waschen, vierteln, das Kerngehäuse entfernen und schälen. In Stücke schneiden. Apfelsaft in einen weiten Topf gießen, Apfelstücke und Zimt dazugeben. Alles unter Rühren aufkochen und circa 20 Minuten zugedeckt kochen lassen, bis die Äpfel weich sind und zerfallen.

2. In der Zwischenzeit etwa 5 mittelgroße Gläser vorbereiten. Kochendes Wasser in die Gläser und Deckel geben und ausspülen. Dann auf ein sauberes Handtuch stellen.

3. Äpfel im Topf mit dem Pürierstab pürieren. Nochmals aufkochen und sofort in die vorbereiteten Gläser füllen und verschließen. Abkühlen lassen und einfrieren.

Einfaches Vollkornbrot

Zutaten

300 g Roggenvollkornmehl + etwas mehr für die Arbeitsfläche
200 g Dinkelmehl (Type 1050)
1 Päckchen Sauerteigextrakt (15 g)
1 Päckchen Trockenhefe (9 g)
1 TL Salz

Außerdem
etwas Fett für die Backform (wenn verwendet)

Zubereitung

1. Beide Mehlsorten, Sauerteigextrakt, Hefe und Salz mit etwa 400 Milliliter lauwarmem Wasser in eine große Schüssel geben. Mit den Knethaken des Handrührgeräts oder von Hand etwa 5 Minuten gründlich vermengen. Die Schüssel abdecken und circa 2 Stunden an einem warmen Ort gehen lassen. Der Teig sollte deutlich an Volumen zugenommen haben.

2. Den Teig etwa 10 Minuten auf einer mit Mehl bestäubten Arbeitsfläche gründlich kneten. Wenn er zu feucht ist, etwas Mehl unterkneten, bis er nicht mehr klebt. Ist er zu trocken, noch etwas Wasser zugeben und einarbeiten. Anschließend den Teig in eine gefettete mittelgroße Kastenform geben oder einen runden Brotlaib daraus formen. Abgedeckt nochmals 2 Stunden gehen lassen.

3. Brot auf die mittlere Schiene des Backofens stellen. Eine feuerfeste Schale mit Wasser auf den Boden des Ofens stellen, so kann sich im Laufe des Backens Dampf entwickeln, der das Brot feucht hält.

4. Das Brot zunächst mit Umluft bei 200 Grad Celsius 10 Minuten anbacken. Dann die Temperatur auf 175 Grad Celsius herunterschalten und weitere 40 Minuten backen, bis es leicht gebräunt ist. Den Backofen ausschalten und das Brot noch einige Minuten ruhen lassen. Aus dem Ofen nehmen und auskühlen lassen.

Tipps

- Das Brot lässt sich gut einfrieren. Darum gleich in doppelter Menge backen.

- Aus dem Teig können auch Brötchen gebacken werden. Dazu den Teig in 8−10 Stücke teilen, Brötchen formen und diese oben der Länge nach einschneiden.

Ingwershot

Zutaten

100 g frische Ingwerwurzel
1 kleines Stück Kurkumawurzel
2 Zitronen
2 Mandarinen
evtl. Apfeldicksaft (optional)

Zubereitung

1. Ingwer und Kurkuma schälen und in Stücke schneiden.
Zitrusfrüchte auspressen.

2. Ingwer, Kurkuma und Zitrussäfte mit 300 Milliliter Wasser
in einen Mixer geben. Etwa 1 Minute mixen, bis alle
Zutaten fein zerkleinert sind. Wer keinen Mixer hat, kann
Ingwer und Kurkuma auch auf einer Ingwerreibe fein
reiben. Apfeldicksaft nach Gusto zufügen, nochmals kurz
mixen. Nach Wunsch süßen.

3. Ingwershots in vier kleine Flaschen füllen. Täglich ein
Gläschen genießen.

PFANNE STATT TONNE

Immer wieder kommt es vor, dass zu viel eingekauft oder weniger verbraucht wird als geplant. Übrig gebliebene Lebensmittel sind aber viel zu schade zum Wegwerfen. Auch auf dem Kompost sind sie nicht so gut aufgehoben, wie wenn sie zubereitet und gegessen werden.

Eine Reihe schöner Rezepte für Gemüse und Obst, übrig gebliebenes Brot, Eiklar, für Milchprodukte, Pizzareste und anderes mehr gibt es im Portal von »Zu gut für die Tonne«. Hier finden sich Videoanleitungen, klassische Rezepte und eine App, in die bis zu drei Restzutaten eingegeben werden können. Mit Klick auf »Rezept finden« werden mehrere Rezeptvorschläge für die individuelle Resteverwertung gemacht.

www.zugutfuerdietonne.de/tipps-fuer-zu-hause/reste-rezepte

ANHANG

Labels für Lebensmittel: seriöse Bio-, Fair- und Regional-Siegel

Die meisten verpackten Produkte sind übersät mit Siegeln aller Art. Diese versprechen besondere Frische oder Haltbarkeit, werben für »kontrollierte Qualität« und Biozutaten, weisen auf regionale oder vegane Zutaten hin oder dass Schweine auf Stroh gehalten und Kühe mit Heu gefüttert werden.

Viele Siegel wurden von Interessenverbänden entwickelt oder sind Eigenkreationen von Firmen. Sie sind also nicht wie zum Beispiel das europäische oder staatliche Biosiegel unabhängig und werden auch nur teilweise von unabhängigen Instituten kontrolliert. Zwar können auch Verbandslabels für eine gute Qualität stehen, wie die Logos der Bioverbände wie Naturland, Bioland oder Demeter zeigen. Doch das gilt längst nicht für alle. Die Übersicht zeigt sowohl unabhängige staatliche Siegel als auch seriöse Verbands- und Firmensiegel.

Biosiegel: Bio drauf, bio drin?

Logos von Bioverbänden:

- Naturland
- Bioland
- Demeter
- Gäa
- Biokreis
- Verbund Ökohöfe
- Biopark
- Ecovin
- Ecoland

Die acht Bioverbände und Ecovin, der Anbauverband für Wein, haben die strengsten Bio-Erzeugerkriterien überhaupt. Sie gehen weit über die Vorgaben des EU-Bio-Siegels hinaus.

Vegan- und Vegetarisch-Siegel

EcoVeg: Dies ist ein unabhängig kontrolliertes Siegel, das die Erzeugung veganer Biolebensmittel regelt.

Biozyklisch-veganer Anbau: Das Siegel steht für definierte Vorgaben in der veganen Landwirtschaft, also eine Landwirtschaft ganz ohne tierische Produkte wie Gülle oder Mist.

V-Label: Dahinter stehen zwei Siegel zur Kennzeichnung von veganen beziehungsweise vegetarischen Lebensmitteln, die in Deutschland von der Organisation ProVeg vergeben werden. Das vegane Label (grüne Schrift auf gelbem Untergrund und Zusatz »vegan«) kennzeichnet Produkte, die keinerlei Zutaten vom Tier beinhalten, auch nicht im Zuge der Herstellung dürfen sie damit in Kontakt gekommen sein. Der Anbau von pflanzlichen Lebensmitteln muss jedoch nicht vegan erfolgen, geprüft wird ab der Ernte. Das vegetarische Siegel (gelbe Schrift auf grünem Untergrund und Zusatz »vegetarisch«) kann Zutaten von lebenden Tieren wie Milch, Butter oder Eier enthalten.

Staatliche Biosiegel

EU-Bio-Siegel: Das europäische Bio-Siegel steht für Mindestkriterien bei Bioprodukten pflanzlicher und tierischer Herkunft.

Bio nach EG Öko-Verordnung: Das staatliche deutsche Bio-Label steht ebenfalls für Mindestkriterien bei Biolebensmitteln.

Fair-Siegel: Essen mit gutem Gewissen

Fairtrade: Es ist das bekanntestes Fair-Siegel. Das Siegel des Vereins Fairtrade steht für Produkte, für die Anbieter nachweislich bestimmte soziale, ökologische und ökonomische Aspekte einhalten.

Gepa fair +: Ein firmeneigenes Siegel der Gesellschaft zur Förderung der Partnerschaft mit der Dritten Welt (Gepa). Kaffee, Schokolade, Tee und Honig und viele andere Lebensmittel können es tragen.

Weltpartner: Dies ist das Siegel der internationalen Fairtrade-Organisation, die alle Mitglieder der Kette des fairen Handels vereint.

BanaFair ist eine Non-Profit-Organisation zur Förderung kleinbäuerlicher Produzenten, die Biobananen anbauen.

Fair Bio: Das Siegel kennzeichnet das Engagement hiesiger Firmen, die in Deutschland Lebensmittel fair erzeugen.

fair for life: Das Zertifizierungsprogramm steht für Fairness in der Landwirtschaft, Produktion und im Handel mit Lebensmitteln, also in der gesamten Lieferkette.

Naturland fair: Das Siegel kennzeichnet ökologisch erzeugte Lebensmittel nach Naturland-Richtlinien, die zugleich fair gehandelt werden.

El Puente: Die Firma setzt sich für den Import und Vertrieb von fair und partnerschaftlich erzeugten Lebensmitteln und Getränken ein.

Hand in Hand: Siegel des Bio-Pioniers Rapunzel. Es steht für biologisch und fair erzeugte Produkte. Mindestens 50 Prozent der Zutaten müssen fair erzeugt sein.

Regio-Labels: Essen aus der Region

Geprüfte Bio-Qualität Bayern: Dieses Siegel tragen Bioprodukte aus Bayern, die über die Vorgaben des EU-Bio-Siegels hinausgehen.

Bio Baden Württemberg: Bioprodukte, die in Baden-Württemberg nachweislich nach den Vorgaben des EU-Bio-Siegels erzeugt werden, aber noch weitere Kriterien erfüllen, tragen es.

Bio-Zeichen Brandenburg: Bioprodukte, die in Brandenburg erzeugt werden, die Vorgaben des EU-Bio-Siegels und noch weitere Bio-Auflagen erfüllen, können damit ausgezeichnet werden.

Bio aus Hessen: Biolebensmittel aus Hessen, die noch mehr zu bieten haben als Produkte, die die Vorgaben für das EU-Bio-Siegel erfüllen, können damit ausgezeichnet werden.

Bio-Zeichen Mecklenburg-Vorpommern: Biolebensmittel, die in Mecklenburg-Vorpommern erzeugt werden und über die Vorgaben des EU-Bio-Zeichens hinausgehen, können es tragen.

Biokreis – regional & fair: Das Siegel steht für Lebensmittel, die biologisch nach den Vorgaben des Bioverbands Biokreis erzeugt werden und insbesondere den regionalen Anbau fördern.

Regionalfenster: Staatliches Siegel, das beschreibt, welche Zutaten eines Produkts aus der Region kommen, wo sie verarbeitet werden und wie hoch der Regio-Anteil im Endprodukt ist. Es ist kein Bio-Label.

Geschützte geografische Angabe: Diese Angabe findet sich auf Produkten wie Marzipan, Thüringer Bratwurst oder Aceto balsamico. Mindestens ein Schritt der Erzeugung muss in der genannten Region erfolgen, die Rohstoffe können aber aus aller Welt bezogen werden. Auch verkauft werden Produkte mit diesem Siegel nicht nur dort, wo sie hergestellt werden.

Geschützte Ursprungsbezeichnung: Die Erzeugung, Verarbeitung und Herstellung eines Produkts erfolgen allesamt in einem definierten geografischen Gebiet.

Weiterführende Literatur und Weblink-Tipps: Lebensmittelwissen, Pflanzenbasierte Ernährung und mehr

Lebensmittelwissen

ÖKO-Test Magazin: *Testergebnisse, Magazin, Ratgeber.*
www.oekotest.de

Sabersky, Annette: *Besser essen ohne Zusatzstoffe.*
oekom verlag 2019

Sabersky, Annette: *Bio drauf, Bio drin? Echte Bioqualität erkennen und Biofallen vermeiden.* Südwest 2013

Slow Food Deutschland: *Slowpedia Lebensmittelwissen.*
https://slowpedia.slowfood.de

Umweltstiftung WWF: *Fischratgeber.*
https://fischratgeber.wwf.de/

Pflanzenbasierte Ernährung

DGE: *Wissenschaftliche Einordnung der Planetary Health Diet.*
www.dge.de/gesunde-ernaehrung/nachhaltigkeit/planetary-health-diet/

Eat Lancet Commission: *Planetary Health Diet (Report zum Download in mehreren Sprachen).* https://eatforum.org/eat-lancet-commission/eat-lancet-commission-summary-report/

Forschungsinstitut für Pflanzenbasierte Ernährung: https://ifpe-giessen.de/

Heinrich-Böll-Stiftung: *Pestizidatlas 2022. Daten und Fakten zu Giften in der Landwirtschaft.* www.boell.de/de/pestizidatlas

Heinrich-Böll-Stiftung: *Fleischatlas 2021. Daten und Fakten über Tiere als Nahrungsmittel.* www.boell.de/de/de/fleischatlas-2021-jugend-klima-ernaehrung

Keller, Markus; Sabersky, Annette: *Öfter mal die Sau rauslassen! Wie wir mit pflanzenbasierter Ernährung ganz entspannt gesünder leben und das Klima retten.* Verlag Eugen Ulmer 2022.

Vallone, Simona; Lambin, Eric: *Public policies and vested interests preserve the animal farming status quo at the expense of animal product analogs.* One earth, August 2023, S. 1213–1226. www.cell.com/one-earth/fulltext/S2590-3322(23)00347-0

Lebensmittelpreise

Bund ökologische Lebensmittelwirtschaft (BÖLW):
Bio wirkt als Inflationsbremse. www.boelw.de/news/bio-wirkt-als-inflationsbremse/

Foodwatch: *Preissprung bei Aldi, Lidl, Rewe und Co.*
www.foodwatch.org/de/preissprung-bei-aldi-lidl-rewe-co-eigenmarken-verteuern-sich-deutlich-staerker-als-markenprodukte

Gaugler, Tobias: *Die wahren Kosten von Lebensmitteln.*
www.uni-augsburg.de/de/campusleben/neuigkeiten/2020/09/04/2735/

Hammer, Katrin; Keller, Markus: *Die wahren Veggie-Kosten.*
www.ifpe-giessen.de/wp-content/uploads/2022/08/Die-wahren-Veggie-Kosten.pdf

Statistisches Bundesamt (Destatis): *Monatlicher Verbraucherindex und Inflationsrate.* www.destatis.de/DE/Themen/Wirtschaft/Preise/Verbraucherpreisindex/_inhalt.html

Universität Greifswald: *Projekt »Wahre-Preise« – Kampagne mit Discounter Penny.* https://geo.uni-greifswald.de/lehrstuehle/geographie/nachhaltigkeitswissenschaft-und-angewandte-geographie/projekt-wahre-preise-1/#:~:text=Die%20%E2%80%9EWahre%20Kosten%E2%80%9C%20Kampagnenwoche%20vom,der%20Herstellung%20von%20Produkten%20anfallen

Verbraucherzentrale Bundesverband: *Verbraucherreport 2023.* www.vzbv.de/verbraucherreport/2023

Verbraucherzentrale NRW: *Pflicht zur Angabe des Grundpreises ermöglicht direkten Preisvergleich.*
www.verbraucherzentrale.de/wissen/vertraege-reklamation/
kundenrechte/pflicht-zur-angabe-des-grundpreises-
ermoeglicht-direkten-preisvergleich-10621#:~:text=Pflicht
%20zur%20Angabe%20des%20Grundpreises%20erm%C3%
B6glicht%20direkten%20Preisvergleich,-30.&text=Um%20
einen%20Preisvergleich%20zu%20erm%C3%B6glichen,Preis
%20Kilogramm%20oder%20Liter)%20anzugeben.

Planen, einkaufen und aufbewahren

Cochard, Marie: *Lust auf Frische! Lecker, knackig, nachhaltig – Tipps für die smarte Küche (fast) ohne Kühlung.* Heyne 2018

ÖKO-TEST Magazin: *Jahrbuch für 2023.* www.oekotest.de/
hefte/OeKO-TEST-Jahrbuch-fuer-2023_J2210.html

Verbraucherzentrale NRW: *Gut planen und clever einkaufen für das gemeinsame Essen zu Hause.* www.verbraucherzentrale.de/
wissen/lebensmittel/auswaehlen-zubereiten-aufbewahren/
gut-planen-und-clever-einkaufen-fuer-das-gemeinsame-
essen-zu-hause-10740

Verbraucherzentrale NRW: *Gesunde Ernährung mit wenig Geld – so geht's.* www.verbraucherzentrale.nrw/wissen/
lebensmittel/auswaehlen-zubereiten-aufbewahren/gesunde-
ernaehrung-mit-wenig-geld-so-gehts-72321

Verbraucherzentrale NRW: *Saisonkalender. Obst und Gemüse frisch einkaufen.* www.verbraucherzentrale.de/wissen/ lebensmittel/gesund-ernaehren/saisonkalender-obst-und-gemuese-frisch-und-saisonal-einkaufen-17229

Wolf, Rosa: *Arm, aber Bio! Mit wenig Geld gesund, ökologisch und genussvoll speisen. Ein Selbstversuch.* Edition Butterbrot 2010

Nachhaltig kochen und essen

Brombach, Christine; Stöckli, Franziska: *Der Klimatopf.* AT-Verlag 2024

Deutsche Gesellschaft für Ernährung: *QUERBEET & KUNTERBUNT. Das Familienkochbuch fürs ganze Jahr.* DGE-Medienservice 2021

Deutscher Tierschutzbund: *Tipps und Rezepte für rein pflanzliche Rezepte.* www.xn--weiljedemahlzeitzählt-rzb.de/ vorratskammer

Dymek, Marta: *Zufällig vegan. 100 Rezepte für die regionale Gemüseküche nicht nur für Veganer.* Smarticular Verlag 2019

Fischer, Margot: *Kochen in der Kiste. Der energiesparende und entspannte Weg zu köstlichen Gerichten.* Mandelbaum Verlag 2023

Olvenmark, Hanna: *Nachhaltig kochen unter 1 Euro. 50 vegetarische Rezepte. Gut für dich, deinen Geldbeutel und die Umwelt.* Südwest 2018

Olvenmark, Hanna: *Nachhaltig kochen: Die 40-Euro-Woche. Über 50 saisonale Rezepte für 4 Portionen + Einkaufsliste.* Südwest 2022

ÖKO-TEST Magazin: *Spezial Vegetarisch und vegan 2023. Pflanzliche Superkraft.* www.oekotest.de

Schweizer, Estella: *Kochen für die Zukunft. Die Welt retten – aber mit Genuss!* Südwest 2023

Slow Food Magazin: *Spezial Slow im Alltag (Ausgabe 03/04/2023).* www.oekom.de

Haltbar machen

Bundesinstitut für Risikobewertung: *Schutz vor Botulismus durch Lebensmittel.* www.bfr.bund.de/cm/350/hinweise_fuer_verbraucher_zum_botulismus_durch_lebensmittel.pdf

Diederich, Marie (Wurzelwerk): *»Botulismus vermeiden. So geht sicher einkochen!«* www.wurzelwerk.net/haltbarmachen/einkochen-einmachen-einwecken/botulismus-einkochen/

Panzer, Maria: *Einfach nachhaltig einkochen, einmachen und fermentieren – der Umwelt zuliebe.* Edition Michael Fischer, 2021

Sabersky, Annette: *Einfach fermentieren. Gesund durch fermentiertes Superfood.* Heyne 2017

Smarticular: *Einfach nachhaltiger leben.* www.smarticular.net/wege-lebensmittel-laenger-aufzubewahren-und-haltbar-zu-machen/

Energie sparen und kochen

Umweltbundesamt: *Mit praktischen Tipps am Herd den Stromverbrauch senken.* www.umweltbundesamt.de/umwelttipps-fuer-den-alltag/elektrogeraete/herd-kochfelder#gewusst-wie

Umweltstiftung WWF: *Strom sparen im Haushalt.* www.wwf.de/aktiv-werden/tipps-fuer-den-alltag/energie-sparen-und-ressourcen-schonen/strom-sparen-im-haushalt

Verpackungen für Lebensmittel

Deutsche Umwelthilfe: *Becherheld – Mehrweg to go.* www.duh.de/becherheld-problem/

Verbraucherzentrale NRW: *Schadstoffe im Essen: Von der Verpackung ins Lebensmittel.* www.verbraucherzentrale.de/wissen/lebensmittel/lebensmittelproduktion/schadstoffe-im-essen-von-der-verpackung-ins-lebensmittel-11944

INFOS ÜBER DIE AUTORIN

Annette Sabersky ist Ernährungswissenschaftlerin, Autorin und seit vielen Jahren als selbstständige Fachjournalistin mit den Schwerpunkten gesundes Essen, Lebensmittelqualität und Bio-Lebensmittel tätig. Sie hat mehr als 20 Sach- und Fachbücher veröffentlicht. Besonders wichtig ist es ihr, wissenschaftliche Erkenntnisse in die Praxis umzusetzen und dabei auch die Auswirkungen des Essens auf die Umwelt einzubeziehen. Annette Sabersky lebt mit ihrer Familie sowie diversen Schafen und Hühnern am Stadtrand von Hamburg. Beim Einkaufen achtet sie sehr auf den Preis, aber auch, ob Lebensmittel ihren Preis wert sind. Das ist in der Regel bei »Bio« und handwerklich erzeugten Lebensmitteln der Fall.

https://bio-food-tester.de

SACHREGISTER

REZEPTREGISTER

IMPRESSUM

1. Auflage
© 2024 by Südwest Verlag, einem Unternehmen
der Penguin Random House Verlagsgruppe GmbH,
Neumarkter Straße 28, 81673 München.

Hinweis
Die Ratschläge/Informationen in diesem Buch sind von Autorin
und Verlag sorgfältig erwogen und geprüft, dennoch kann
eine Garantie nicht übernommen werden. Eine Haftung der Autorin
bzw. des Verlags und seiner Beauftragten für Personen-, Sach- und
Vermögensschäden ist ausgeschlossen.

Bildnachweis
Cover: Coverdesign Vera Schlachter unter Verwendung von Bildmaterial
von shutterstock/Sensvector, Mind Pixell, Medvedeva Irina
Grafiken, Seite 199 ff.: Vera Schlachter
Aufmacher: Design Vera Schlachter unter Verwendung von Motiven
    von shutterstock/VasilkovS
Lebensmittel: shutterstock/Maxim Cherednichenko, iocnim, Cheli Projekt
Einkaufswagen: shutterstock/VecorForever
Seite 32: shutterstock/Oleksandr Drypsiak
Biosiegel: Biokreis e.V., Bioland e.V., Biopark e.V., Demeter e.V., Ecoland e.V.,
    Ecovin GmbH, Gäa e.V., Naturland e.V., ProVeg e.V.

Projektleitung: Eva Wagner
Lektorat: Susanne Schneider
Cover, Layout: Vera Schlachter
DTP, Satz: GGP Media GmbH, Pößneck
Korrektorat: Susanne Langer-Joffroy
Druck und Bindung: CPI books GmbH, Leck

Printed in the EU

Penguin Random House Verlagsgruppe FSC® N001967

ISBN 978-3-517-10271-9
www.suedwest-verlag.de